もしも魔法が使えたら

戦争孤児11人の記憶

星野光世

講談社

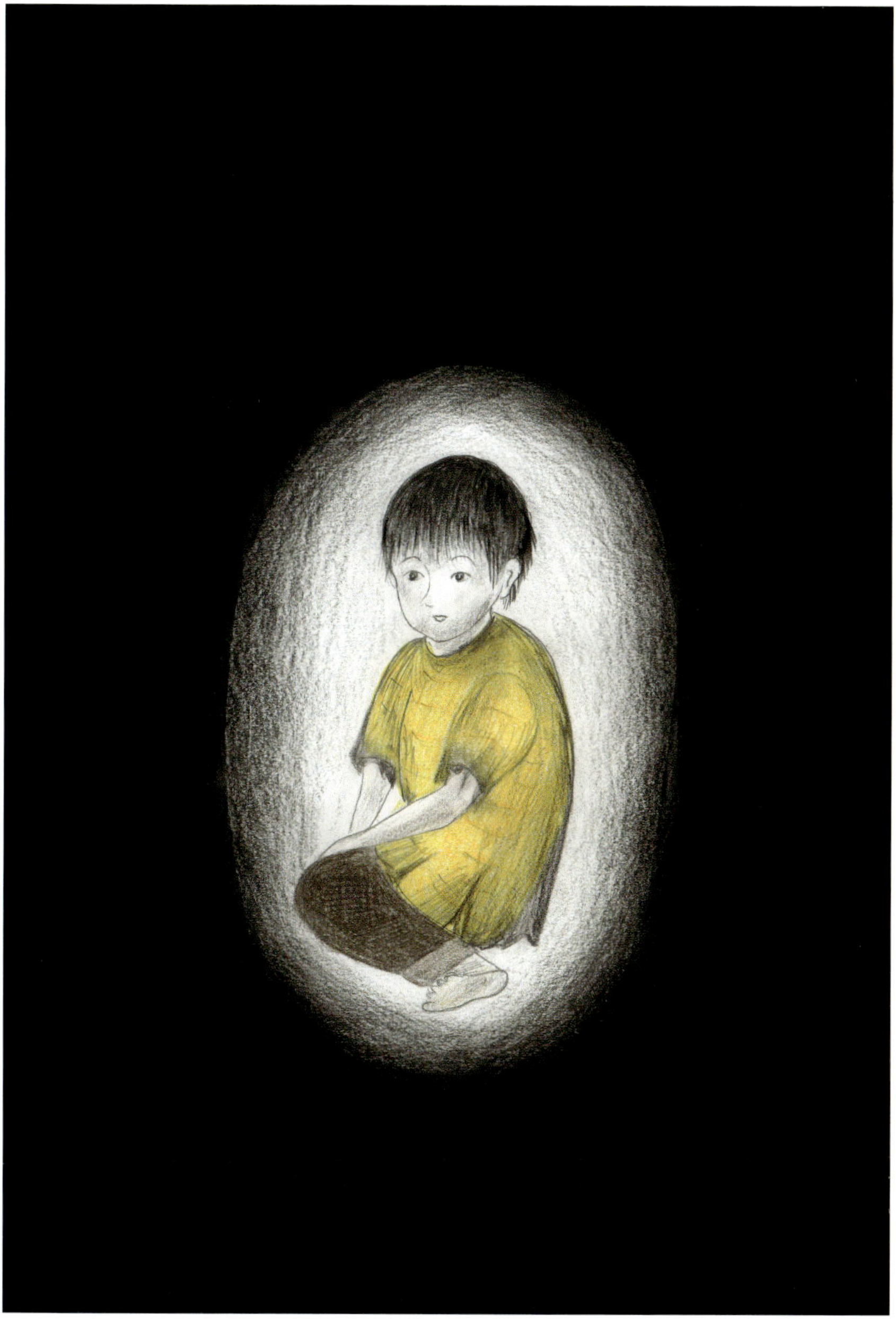

はじめに

ある大学教授《だいがくきょうじゅ》が、ひとりの学生《がくせい》に「真珠湾《しんじゅわん》って、どこにあるか知《し》っているかね？」と尋《たず》ねたときのこと。少《すこ》し考《かんが》えてからその学生《がくせい》は、「三重県《みえけん》です」と答《こた》えたといいます。

この記事《きじ》を、数年前《すうねんまえ》に何《なに》かで読《よ》みました。

大勢《おおぜい》の若者《わかもの》の命《いのち》が戦場《せんじょう》で散《ち》っていったあの戦争《せんそう》。３１０万人《まんにん》という犠牲者《ぎせいしゃ》を出《だ》し、日本中《にっぽんじゅう》をガレキの山《やま》と化《か》したあの戦争《せんそう》も、今《いま》では忘《わす》れ去《さ》られようとしています。

「おじいちゃん、おばあちゃんが子《こ》どものころ、この日本《にっぽん》の国《くに》でこういうことがあったんだよ」

戦争《せんそう》に翻弄《ほんろう》されながら生《い》きてきた大勢《おおぜい》の戦争孤児《せんそうこじ》の実態《じったい》を、今《いま》、書《か》き留《と》めておきたい……。そんな思《おも》いから、絵《え》を学《まな》んだことのないわたしですが、この本作《ほんづく》りを思《おも》い立《た》ちました。

戦争《せんそう》が始《はじ》まると、その国《くに》の子《こ》どもたちの身《み》の上《うえ》にどんなことが起《お》こるのでしょうか。先《さき》の戦争《せんそう》で生《しょう》じた、12万《まん》３５００人《にん》あまりという戦争孤児《せんそうこじ》（１９４８年《ねん》厚生省調査《こうせいしょうちょうさ》・沖縄県《おきなわけん》を除《のぞ》く）は、その後《ご》、どんな道《みち》を歩《あゆ》んできたのでしょうか——。

ここに登場《とうじょう》する子《こ》どもたちのお話《はなし》は、作《つく》り話《ばなし》ではありません。わたしたち孤児《こじ》の体験《たいけん》をもとにつづった本当《ほんとう》の話《はなし》です。戦争《せんそう》で親《おや》が死《し》んでしまったあと、子《こ》どもたちはどのように生《い》きてきたのでしょうか。必《ひっ》死《し》に生《い》きた、その姿《すがた》を追《お》ってみました。

星野光世《ほしのみつよ》

目次《もくじ》

疎開《そかい》したおわん

星野光世《ほしのみつよ》　（終戦時《しゅうせんじ》11歳《さい》）

　わたしは、東京都本所区《とうきょうとほんじょく》で生《う》まれました。今《いま》の墨田区《すみだく》です。本所区菊川町《ほんじょくきくかわちょう》で、家《いえ》はおそば屋《や》さんでした。お店《みせ》は、ちょうど深川区《ふかがわく》（今《いま》の江東区《こうとうく》）との境《さかい》で、目《め》の前《まえ》を都電《とでん》が走《はし》る繁華《はんか》な街《まち》でした。場所《ばしょ》にも恵《めぐ》まれ、店《みせ》はいつも忙《いそが》しく活気《かっき》づいていました。

　家族《かぞく》は両親《りょうしん》ときょうだいが4人《にん》。いとこのお兄《にい》さんたちが3人《にん》、お店《みせ》で働《はたら》いていましたので、わたしは大家族《だいかぞく》の中《なか》で育《そだ》ちました。

お正月《しょうがつ》には、妹《いもうと》とふたりで家《いえ》の前《まえ》で羽根《はね》つきをしました。

わたしは回転象《かいてんぞう》さんが大好《だいす》きでした。デパートへ連《つ》れていってもらったときは、いつも乗《の》せてもらいました。本物《ほんもの》の象《ぞう》さんのように大《おお》きな木造《もくぞう》の象《ぞう》さんです。デパートのおねえさんに乗《の》せてもらうと音楽《おんがく》が流《なが》れ、上下《じょうげ》に浮《う》き沈《しず》みしながら、ゆっくり回《まわ》る象《ぞう》さんです。これに乗《の》るのが、わたしはとても楽《たの》しみでした。

今《いま》のようにテレビもゲームもない時代《じだい》です。子《こ》どもたちは毎日真《まいにちま》っ暗《くら》になるまで外《そと》で遊《あそ》びました。よく見《み》かけたのは、男《おとこ》の子《こ》たちが真剣《しんけん》にベーゴマやメンコ打《う》ちをする姿《すがた》です。お侍《さむらい》さんの格好《かっこう》をして、チャンバラごっこもやっていましたね。

女《おんな》の子《こ》たちは、夢《む》中《ちゅう》になってお手《て》玉《だま》やまりつきをして遊《あそ》びました。やはり戦《せん》争《そう》中《ちゅう》です。まりつきの歌《うた》も兵《へい》隊《たい》さんを歌《うた》った威《い》勢《せい》のいい軍《ぐん》歌《か》でした。そのほか、「カイセン・ドン」「かごめかごめ」「どこ行《い》き？」「見《み》ーえた見《み》えた」など暗《くら》くなるまで夢《む》中《ちゅう》で遊《あそ》びました。

１９４１年《ねん》12月《がつ》８日《ようか》、真《しん》珠《じゅ》湾《わん》攻《こう》撃《げき》。ついに日《にっ》本《ぽん》はアメリカを相《あい》手《て》の戦《せん》争《そう》に突《とつ》入《にゅう》しました。

子《こ》どもたちは、戦《せん》争《そう》とは兵《へい》隊《たい》さんが、はるか遠《とお》い戦《せん》場《じょう》で戦《たたか》うものだと思《おも》っていましたが、そうではなかったのです。日《に》本《ほん》軍《ぐん》は中《ちゅう》国《ごく》や東《とう》南《なん》アジアなどで戦《せん》争《そう》をしていました。やがてアメリカは、わたしたちの住《す》む街《まち》や村《むら》へ飛《ひ》行《こう》機《き》から爆《ばく》弾《だん》を落《お》とし、日《にっ》本《ぽん》の国《こく》内《ない》が戦《せん》場《じょう》となったのです。

アメリカは、３年《ねん》の歳《さい》月《げつ》と30億《おく》ドルともいわれる莫《ばく》大《だい》な費《ひ》用《よう》をかけて、日《にっ》本《ぽん》に爆《ばく》弾《だん》を落《お》とすためB《ビー》29という爆《ばく》撃《げき》機《き》を完《かん》成《せい》させました。全《ぜん》長《ちょう》約《やく》30メートル、全《ぜん》幅《ぷく》が約《やく》43メートルという巨《きょ》大《だい》な爆《ばく》撃《げき》機《き》です。このB《ビー》29は、焼《しょう》夷《い》弾《だん》という爆《ばく》弾《だん》を積《つ》み、日《にっ》本《ぽん》に向《む》けて飛《と》び立《た》ちました。日《にっ》本《ぽん》の大《おお》きな都《と》市《し》は、B《ビー》29による爆《ばく》撃《げき》の危《き》機《き》にさらされることになったのです。

この爆《ばく》撃《げき》＝空《くう》襲《しゅう》を避《さ》けるために、大《だい》都《と》市《し》に住《す》む３年《ねん》生《せい》から６年《ねん》生《せい》までの小《しょう》学《がく》生《せい》を、安《あん》全《ぜん》な農《のう》山《さん》村《そん》へ移《い》動《どう》させる「学《がく》童《どう》疎《そ》開《かい》」が始《はじ》まりました。

学童疎開《がくどうそかい》は、ふたつにわかれていました。

縁故疎開《えんこそかい》……田舎《いなか》の親戚《しんせき》や知人《ちじん》を頼《たよ》って家族《かぞく》で移動《いどう》すること。

集団疎開《しゅうだんそかい》……学校《がっこう》ごとに集団《しゅうだん》で地方《ちほう》へ移動《いどう》すること。

疎開《そかい》ができない、残留組《ざんりゅうぐみ》をどうするかという問題《もんだい》もありました。体《からだ》が弱《よわ》い、お金《かね》がないなどの理由《りゆう》で学童疎開《がくどうそかい》に参加《さんか》できない児童《じどう》もいたのです。

学童疎開《がくどうそかい》が始《はじ》まると、子《こ》どもたちの姿《すがた》が都会《とかい》の街《まち》から消《き》えてしまいました。

子《こ》どもたちの安全《あんぜん》を考《かんが》えた、この学童《がくどう》疎開《そかい》が、やがて多《おお》くの戦争孤児《せんそうこじ》を生《う》みだす原因《げんいん》となりました。都会《とかい》に残《のこ》った親《おや》が空襲《くうしゅう》で亡《な》くなり、疎開《そかい》をしていた子《こ》ども

だけが残《のこ》されてしまったからです。

戦争《せんそう》が日増《ひま》しに激《はげ》しくなり、わたしは中和国民学校《ちゅうわこくみんがっこう》のお友《とも》だちといっしょに集《しゅう》団疎開《だんそかい》に行《い》くことになりました。疎開先《そかいさき》は千葉県君津郡小糸村《ちばけんきみつぐんこいとむら》にある天南寺《てんなんじ》というお寺《てら》です。

いよいよ集団疎開《しゅうだんそかい》に行《い》く朝《あさ》を迎《むか》えました。8月《がつ》の暑《あつ》い日《ひ》でした。

家《いえ》の前《まえ》で、母《はは》が「学校《がっこう》まで送《おく》っていこうか？」といってくれました。

「いい、こなくても。そんな大《おお》きなお腹《なか》をして」と断《ことわ》ったその言葉《ことば》が、母《はは》と交《か》わした最後《さいご》の言葉《ことば》になってしまいました。

そのとき、わたしの母《はは》は、もうすぐ赤《あか》ちゃんが生《う》まれる大《おお》きなお腹《なか》をしていたのです。

天南寺《てんなんじ》でのわたしたち5年女子《ねんじょし》の担任《たんにん》は、湯沢《ゆざわ》とき子先生《こせんせい》。若《わか》いピチピチした先生《せんせい》でした。

先生《せんせい》は、まずわたしたち児童《じどう》を4つのグループに分《わ》け、「小隊《しょうたい》」と名付《なづ》けました。その小隊《しょうたい》をふたつずつまとめて「中《ちゅう》隊《たい》」とし、最後《さいご》に総括《そうかつ》して「一個大隊《いっこだいたい》」と呼《よ》びました。

さすが戦争中《せんそうちゅう》、軍隊《ぐんたい》と同《おな》じ呼《よ》び方《かた》です。

そんなある日《ひ》のこと、お寺《てら》の庭《にわ》に、空《そら》から燃《も》えかすのようなものが大量《たいりょう》に降《ふ》ってきました。わたしたちはみんな境内《けいだい》に出《で》て、あとからあとから降《ふ》ってくる燃《も》えかすを見上《みあ》げていました。大《おお》きいものから小《ちい》さいものまで、空《そら》を覆《おお》うほどの大量《たいりょう》の燃《も》えかすです。

「これはいったい、なんだろう?」

わたしたちは何《なに》もわからないまま、空《そら》から降《ふ》ってくる大量《たいりょう》の燃《も》えかすを、ただ眺《なが》めていました。


その日《ひ》から、いく日《にち》が過《す》ぎたでしょうか。ひとりの男《おとこ》の人《ひと》がお寺《てら》にやってきました。顔半分《かおはんぶん》にやけどを負《お》って、焼《や》け焦《こ》げた服《ふく》を着《き》たその人《ひと》は、わたしたちの仲間《なかま》、山田和代《やまだかずよ》さんのお父《とう》さんでした。

和代《かずよ》さんのお父《とう》さんは、わたしたちの生《う》まれ育《そだ》った東京《とうきょう》の街《まち》が3月10日《がつとおか》の空襲《くうしゅう》で、すべて燃《も》え尽《つ》き、焼《や》け野原《のはら》になってしまったことを話《はな》してくれました。

あの日《ひ》、お寺《てら》の庭《にわ》に大量《たいりょう》に降《ふ》ったものは、東京《とうきょう》から飛《と》んできた街《まち》の灰《はい》だったのです。

3月《がつ》10日《とおか》のあの夜《よる》。
300機《き》あまりのB《ビー》29が出撃《しゅつげき》。東京《とうきょう》の下《した》
町《まち》を中心《ちゅうしん》に、焼夷弾《しょういだん》の雨《あめ》を降《ふ》らせたのです。

下町《したまち》は、木造家屋《もくぞうかおく》が密集《みっしゅう》しています。

アメリカ軍《ぐん》は、この家々《いえいえ》を焼《や》き尽《つ》くすため、まず、4か所《しょ》の目標地点《もくひょうちてん》に大型《おおがた》の焼夷弾《しょういだん》を落《お》としました。その燃《も》え上《あ》がる炎《ほのお》を目印《めじるし》に、そのまわりに大量《たいりょう》の小型焼《こがたしょう》夷弾《いだん》を網《あみ》の目《め》のように落《お》としていったのです。

その焼夷弾《しょういだん》は、アメリカでの実験《じっけん》をもとに新《あら》たにつくられた、ガソリンに粘着《ねんちゃく》剤《ざい》を混《ま》ぜたきわめて燃焼性《ねんしょうせい》の高《たか》いものでした。

背中《せなか》に火《ひ》が燃《も》え移《うつ》って倒《たお》れる人《ひと》。
焼夷弾《しょういだん》の直撃《ちょくげき》を受《う》けて火《ひ》だるまになる人《ひと》。
道路《どうろ》が逃《に》げ惑《まど》う人《ひと》であふれる中《なか》、アメリカ軍《ぐん》は容赦《ようしゃ》なく焼夷弾《しょういだん》を落《お》としました。
道路《どうろ》は黒焦《くろこ》げの死体《したい》で埋《う》め尽《つ》くされ、防火用水《ぼうかようすい》の中《なか》には、火《ひ》に追《お》われた人《ひと》たちが頭《あたま》からつっこんで、真《ま》っ黒《くろ》に燃《も》え尽《つ》きていたそうです。

逃《に》げ場《ば》を失《うしな》った住民《じゅうみん》は、わずか2時間《じかん》あまりの爆撃《ばくげき》で、10万《まん》人《にん》近《ちか》くの人《ひと》が亡《な》くなり、燃《も》えてしまった家《いえ》は27万戸《まんこ》。

その夜《よる》、１００万人《まんにん》が家《いえ》を失《うしな》いました。

3月10日《がつとおか》の、この東京大空襲《とうきょうだいくうしゅう》は、一般《いっぱん》市民《しみん》を標的《ひょうてき》とした空襲《くうしゅう》では世界史上最大《せかいしじょうさいだい》規模《きぼ》だといわれています。

3月《がつ》10日《とおか》からしばらくすると、千葉《ちば》に疎開《そかい》しているわたしたちのもとへ、空襲《くうしゅう》で生《い》き残《のこ》った家族《かぞく》や親戚《しんせき》が、子《こ》どもを迎《むか》えにくるようになりました。伊藤雅子《いとうまさこ》さんのところへは、親戚《しんせき》のおじさんが迎《むか》えにきました。雅子《まさこ》さんは、ご両親《りょうしん》もたったひとりのお姉《ねえ》さんも空襲《くうしゅう》で亡《な》くなり、ひとりぼっちになってしまいました。

雅子《まさこ》さんの立派《りっぱ》なお家《うち》に何度《なんど》か遊《あそ》びに行《い》きましたが、勉強《べんきょう》やピアノを教《おし》える芳子《よしこ》さんという若《わか》いきれいなお付《つ》きの人《ひと》がいました。お嬢様《じょうさま》だった雅子《まさこ》さん……、おじさんに連《つ》れられてお寺《てら》をあとにする後《うし》ろ姿《すがた》がいまだに忘《わす》れられません。

鈴木弘子《すずきひろこ》さんのところはお母《かあ》さんが迎《むか》えにきました。最高《さいこう》に幸《しあわ》せです。

でも、かわいがっていた妹《いもうと》が空襲《くうしゅう》で亡《な》くなったと聞《き》かされ、お母《かあ》さんのひざに泣《な》き伏《ふ》しました。その夜《よる》、お母《かあ》さんはお寺《てら》に泊《と》まられました。夜《よる》のお別《わか》れ会《かい》で弘子《ひろこ》さんはお得意《とくい》の「松《まつ》づくし」を上手《じょうず》に歌《うた》いました。

弘子《ひろこ》さんの家《いえ》は、本所《ほんじょ》の酒屋《さかや》さんでした。遊《あそ》びに行《い》ったある日《ひ》のこと、「お母《かあ》さんが弘法大師《こうぼうだいし》を尊敬《そんけい》していたので、わたしは弘子《ひろこ》という名前《なまえ》になったのよ」と、命名《めいめい》の由来《ゆらい》を話《はな》してくれました。

生徒《せいと》の半数《はんすう》くらいがいなくなったころ、わたしのところへ母方《ははかた》の伯父《おじ》が迎《むか》えにきました。

伯父《おじ》は、わたしの顔《かお》を見《み》るなり、「お父《とう》ちゃんもお母《かあ》ちゃんも死《し》んじゃったよ」というのです。

でも、そう聞《き》かされても、不思議《ふしぎ》と悲《かな》しみもわかず、涙《なみだ》も出《で》ないのです。それはきっと、両親《りょうしん》が亡《な》くなって、親戚《しんせき》と寂《さび》しそうにお寺《てら》を去《さ》っていく仲間《なかま》たちを何人《なんにん》も見《み》ていたからかもしれません。

そのとき、わたしが感《かん》じたことは「ああ、とうとう自分《じぶん》の番《ばん》がきた」、それだけでした。

わたしの家《いえ》では、父《ちち》と母《はは》と兄《あに》と妹《いもうと》の4人《にん》が亡《な》くなりました。

わたしが集団疎開《しゅうだんそかい》したあと、東京《とうきょう》には父《ちち》と旧制中学《きゅうせいちゅうがく》に通《かよ》っていた兄《あに》のふたりだけが残《のこ》りました。兄《あに》は体《からだ》が大《おお》きく親分肌《おやぶんはだ》

母《はは》　38歳《さい》

父《ちち》　43歳《さい》

妹《いもうと》　生後《せいご》６か月《げつ》

兄《あに》　15歳《さい》

で、よくケンカをして父《ちち》から叱《しか》られていました。

母《はは》はふたりの妹《いもうと》と弟《おとうと》を連《つ》れ、千葉《ちば》の実家《じっか》に疎開《そかい》しました。しかし、父《ちち》が病気《びょうき》で入院《にゅういん》したため、まだ赤《あか》ちゃんだった下《した》の妹《いもうと》をおぶって上京《じょうきょう》し、数日後《すうじつご》、大空襲《だいくうしゅう》に遭遇《そうぐう》したのです。

あの夜《よる》、猛火《もうか》の中《なか》をどの方向《ほうこう》に逃《に》げたのか、どこで息《いき》が絶《た》えたのか、４人《にん》の遺体《いたい》は見《み》つかっていません。

残《のこ》されたのは、11歳《さい》のわたしと、８歳《さい》の妹《いもうと》と、４歳《さい》の弟《おとうと》の３人《にん》だけです。

このとき妹《いもうと》は、「これからは何《なに》があっても、お姉《ねえ》ちゃんから離《はな》れるまい」と決心《けっしん》したそうです。

わたしは、まず弟《おとうと》と妹《いもうと》のいる千葉《ちば》の母《はは》の実家《じっか》に連《つ》れていかれました。

2か月後《げつご》には、妹《いもうと》と弟《おとうと》といっしょに新潟《にいがた》の父《ちち》の実家《じっか》に移《うつ》ることになりました。その途中《とちゅう》、乗《の》りかえの両国駅《りょうごくえき》からわが家《や》のあったところまで連《つ》れていってもらいました。

1945年《ねん》5月《がつ》でした。

3月10日《がつとおか》の大空襲《だいくうしゅう》から、わずか2か月《げつ》しかたっていません。集団疎開先《しゅうだんそかいさき》のお寺《てら》で思《おも》った、あれほど帰《かえ》りたかった東京《とうきょう》の家《いえ》は、むざんなガレキの山《やま》になっていました。

ふと足元《あしもと》を見《み》ると、わたしが2階《かい》の机《つくえ》で使《つか》っていた電気《でんき》スタンドが、燃《も》え尽《つ》きずにみどり色《いろ》のまま転《ころ》がっていました。

新潟《にいがた》の父《ちち》の実家《じっか》での生活《せいかつ》は苦《くる》しいものでした。大黒柱《だいこくばしら》の叔父《おじ》は兵隊《へいたい》に取《と》られており、年老《としお》いた祖母《そぼ》と、幼《おさな》い子《こ》ども3人《にん》を抱《かか》えた若《わか》い叔母《おば》が、わずかな田畑《たはた》で農業《のうぎょう》をやっていたのです。

その貧《まず》しい暮《く》らしの中《なか》、わたしたち3人《にん》が増《ふ》えたので、それはもう大変《たいへん》でした。

三度《さんど》の食事《しょくじ》はお湯《ゆ》の中《なか》にご飯粒《はんつぶ》がほんの少《すこ》し浮《う》いているだけ。ご飯《はん》を食《た》べるのに箸《はし》がいらない、ただ飲《の》むだけのご飯《はん》でした。そのうえ、わたしは祖母《そぼ》から毎日《まいにち》怒《おこ》られていました。

3人《にん》きょうだいで、わたしがいちばん上《うえ》でしたから、朝《あさ》から晩《ばん》まで、わたしのことばかり怒《おこ》るのです。とっても怖《こわ》いおばあさんでした。

ある日《ひ》、隣村《となりむら》の叔父《おじ》が「今夜《こんや》ひと晩《ばん》だけ、叔父《おじ》さんの家《いえ》に泊《と》まりにこないか」と、わたしたち3人《にん》を迎《むか》えにきました。この叔父《おじ》は、東京《とうきょう》の家《いえ》にときどききていましたのでよく知《し》っています。わたしたちは喜《よろこ》んで叔父《おじ》についていきました。

隣村《となりむら》といっても、険《けわ》しい山《やま》をいくつも越《こ》えて、夕方《ゆうがた》やっと叔父《おじ》の家《いえ》に着《つ》きました。そこには、すごいごちそうが用意《ようい》されていたのです。わたしたちはびっくりしました。お砂糖《さとう》もない時代《じだい》でしたが、大《おお》きなお皿《さら》におはぎが山盛《やまも》りです。妹《いもうと》も弟《おとうと》も大喜《おおよろこ》びです。

久《ひさ》しぶりにお腹《なか》いっぱい食《た》べて、ホッとしていたとき、わたしは叔母《おば》に呼《よ》ばれました。叔母《おば》は、わたしの父《ちち》の妹《いもうと》です。

叔母《おば》は、突然《とつぜん》こういいました。

「今日《きょう》からおまえたちは、ここの家《いえ》の子《こ》になるんだ！」と。

わたしは、この言葉《ことば》に強《つよ》いショックを受《う》けました。ひざに抱《だ》かれている赤《あか》ちゃんを含《ふく》めて、叔母《おば》の家《いえ》には6～7人《にん》の子《こ》どもたちがいたからです。

ここの家《いえ》の子《こ》になれといわれても、こんなに大勢《おおぜい》子《こ》どもがいるのにわたしたちを本当《ほんとう》に育《そだ》ててくれるのだろうか。

それなら、なぜひと晩《ばん》だけといって、わたしたちを連《つ》れ出《だ》したのか。

わたしたちは、だまされて叔母《おば》の家《いえ》に連《つ》れてこられたのです。

まただまされて、どこへ連《つ》れていかれるかわかりません。

知《し》らない遠《とお》いところへ連《つ》れていかれ、きょうだい3人《にん》バラバラにされ、二度《にど》と

会《あ》えなくなってしまうかもしれない。「そうなってからではもう遅《おそ》い」と思《おも》いました。学校《がっこう》へ行《い》かれなくてもいい、ご飯《はん》が食《た》べられなくてもいい、このままこの家《いえ》にいたら、今《いま》よりも、もっともっと苦《くる》しみが襲《おそ》ってくるに違《ちが》いない。

「そうだ、この家《いえ》から逃《に》げるしかない！」

わたしは、眠《ねむ》れないふとんの中《なか》で心《こころ》を決《き》め、翌朝《よくあさ》すきを見《み》て妹《いもうと》と弟《おとうと》を連《つ》れ、叔母《おば》の家《いえ》を逃《に》げ出《だ》しました。夢中《むちゅう》で走《はし》りました。

「ここまでくれば大丈夫《だいじょうぶ》、もう誰《だれ》も追《お》いかけてこない」

暗《くら》い森《もり》の中《なか》を走《はし》り抜《ぬ》けると、そこはまぶしいほど明《あか》るい山頂《さんちょう》でした。8月《がつ》だというのに、さすが新潟《にいがた》、あちこちに雪《ゆき》がいっぱい残《のこ》っています。ふと足元《あしもと》を見《み》ると清水《しみず》がポコポコ湧《わ》き出《で》ています。

「あっ、昨日叔父《きのうおじ》さんと水《みず》を飲《の》んだところだ！」妹《いもうと》と弟《おとうと》が叫《さけ》びました。

……そうです、道《みち》は間違《まちが》っていなかったのです。まずはホッとして、3人《にん》で蕗《ふき》の葉《は》をコップがわりに冷《つめ》たい清水《しみず》を飲《の》みました。そのとたん、今《いま》までこらえていた悲《かな》しみが、ドーッと噴《ふ》き上《あ》げてきました。

逃《に》げてはきたものの帰《かえ》る家《いえ》がない。

すがりたい父《ちち》も母《はは》も、もういない。

「お父《とう》ちゃん、お母《かあ》ちゃん、どうしてわたしたちを残《のこ》して死《し》んじゃったの……」

どうしたらいいかわからない苦《くる》しさに、とうとう泣《な》けてきました。

妹《いもうと》も声《こえ》をあげて泣《な》きだしました。

何《なに》もわからない4歳《さい》の弟《おとうと》の目《め》にも、涙《なみだ》がいっぱいでした。

両親《りょうしん》の死《し》を聞《き》かされたときも、ガレキの山《やま》となったわが家《や》を目《め》の前《まえ》にしたときも泣《な》くことのなかったわたしが、このときばかりは、両親《りょうしん》のいない悲《かな》しみがこみ上《あ》げてきて、ついに泣《な》いてしまったのです。

……やがて、わたしたちは気《き》を取《と》り直《なお》し、また山《やま》を下《お》り始《はじ》めました。知《し》らない山道《やまみち》をさ迷《まよ》いながら、夕方《ゆうがた》やっと祖母《そぼ》の家《いえ》まで戻《もど》ってきました。

「なんだ、おまえたちは！」

祖母《そぼ》は大声《おおごえ》でどなりました。

いなくなったはずの3人《にん》が目《め》の前《まえ》に立《た》っていたので、びっくりしたのだと思《おも》います。どんなに怒《おこ》られても、わたしたちは祖母《そぼ》の家《いえ》しか帰《かえ》る場所《ばしょ》がなかったのです。黙《だま》ってうなだれている3人《にん》を見《み》て、祖母《そぼ》は「逃《に》げてきた」と察《さっ》したのか急《きゅう》に声《こえ》を落《お》とし、優《やさ》しくなりました。

「そうか、お父《とう》ちゃんの生《う》まれた家《いえ》がいちばんいいのか。さあ上《あ》がれ」

わたしたちを部屋《へや》に上《あ》げると、「朝《あさ》から何《なに》も食《た》べていないんだろう」といいながら白《しろ》いご飯《はん》を出《だ》してくれました。

ふと見《み》ると、祖母《そぼ》はわたしたちに背《せ》を向《む》けて泣《な》いているのです。

わたしは胸《むね》がいっぱいになりました。

逃《に》げてきた3人《にん》を、ひとこともとがめず、涙《なみだ》で受《う》け入《い》れてくれたのです。怖《こわ》かった祖母《そぼ》も、本当《ほんとう》は心《こころ》の優《やさ》しい人《ひと》だったのです。辛《つら》く当《あ》たっていた祖母自身《そぼじしん》が、わたしたち以上《いじょう》に辛《つら》い思《おも》いをしていたのかもしれません。

1945年《ねん》8月《がつ》15日《にち》、やっと戦争《せんそう》が終《お》わりました。
日本《にっぽん》は戦争《せんそう》に負《ま》けたのです。

戦争《せんそう》が終《お》わって2か月《げつ》ほど過《す》ぎたころ、兵隊《へいたい》に行《い》っていた叔父《おじ》が帰《かえ》ってきました。しかし、生活《せいかつ》はすぐには楽《らく》にならず、わたしたち3人《にん》は別《わか》れて暮《く》らすことになりました。わたしと妹《いもうと》のふたりが、1年間《ねんかん》だけという約束《やくそく》で母《はは》の郷里《きょうり》の千葉《ちば》へ戻《もど》ることになり、弟《おとうと》ひとりがそのまま新潟《にいがた》に残《のこ》ったのです。

千葉《ちば》に旅立《たびだ》つその日《ひ》。わたしと妹《いもうと》は、朝暗《あさくら》いうちに起《お》こされ、眠《ねむ》っている弟《おとうと》を置《お》いたままそっと家《いえ》を出《で》ました。
最初《さいしょ》は1年間《ねんかん》という約束《やくそく》だったのです

が、2年《ねん》たち、3年《ねん》が過《す》ぎ、結局《けっきょく》そのまま10年《ねん》が過《す》ぎてしまいました。

「あのとき、弟《おとうと》も連《つ》れていくと、なぜいえなかったのか」

年《とし》を追《お》うごとに、わたしの後悔《こうかい》の念《ねん》は募《つの》りました。

4歳《さい》だった弟《おとうと》は、歳月《さいげつ》が過《す》ぎるとともに、わたしと妹《いもうと》のことは忘《わす》れてしまい、育《そだ》ててくれた叔父《おじ》、叔母《おば》を本当《ほんとう》の親《おや》だと信《しん》じて育《そだ》ち、いっしょに育《そだ》ったいとこたちをきょうだいだと思《おも》って育《そだ》ったのです。


わたしと妹《いもうと》が引《ひ》き取《と》られた伯父《おじ》の家《いえ》は米作《こめづく》りの大農家《だいのうか》で、おじさんや、おねえさんたちが住《す》み込《こ》みで働《はたら》いていました。当時《とうじ》は今《いま》のように機械化《きかいか》されておらず、なんとしても人手《ひとで》が欲《ほ》しかったのです。

わたしは中学《ちゅうがく》2年《ねん》のころから、農繁期《のうはんき》になると1か月《げつ》近《ちか》く学校《がっこう》を欠席《けっせき》して農作業《のうさぎょう》を手伝《てつだ》い、義務教育《ぎむきょういく》すら思《おも》うように受《う》けられませんでした。しかし、両親《りょうしん》が亡《な》くなった時点《じてん》で学業《がくぎょう》をあきらめていたわたしは、通学《つうがく》している友人《ゆうじん》を見《み》ても、うらやましいとも思《おも》わず、ひたすら農作業《のうさぎょう》に精《せい》を出《だ》しました。

大自然《だいしぜん》の中《なか》で思《おも》いっきり汗《あせ》を流《なが》したおかげか、弱々《よわよわ》しかったわたしの体《からだ》は見違《みちが》えるほど丈夫《じょうぶ》になりました。農作業《のうさぎょう》がわたしに合《あ》っていたのかもしれません。

20歳《さい》になるころから、ぽつぽつ農家《のうか》から結婚話《けっこんばなし》がくるようになりました。自然《しぜん》を相手《あいて》にする農業《のうぎょう》は大好《だいす》きでしたが、わたしはこのまま農村《のうそん》で一生《いっしょう》を終《お》えたくありませんでした。

「どうしても生《う》まれ故郷《こきょう》の東京《とうきょう》が恋《こい》しい……」

今《いま》まで農業《のうぎょう》を手伝《てつだ》ってきたのは、戦争《せんそう》で親《おや》が亡《な》くなったあと育《そだ》ててもらった「恩返《おんがえ》し」です。お嫁《よめ》に行《い》く年齢《ねんれい》になれば、そこで初《はじ》めて「自分《じぶん》の人生《じんせい》を生《い》きる」自由《じゆう》が許《ゆる》される。わたしはその日《ひ》のくるのを待《ま》っていました。

しかし周囲《しゅうい》は猛反対《もうはんたい》。当時《とうじ》まわりには、東京《とうきょう》へ出《で》て働《はたら》く農家《のうか》の娘《むすめ》はひとりもいなかったのです。ずいぶん反対《はんたい》されました。

上京《じょうきょう》にいちばん反対《はんたい》したのは、わたしたち姉妹《しまい》を育《そだ》ててくれた伯父《おじ》でした。伯父《おじ》には実《じつ》の子《こ》がいません。わたしをそばに置《お》いておきたいという思《おも》いは痛《いた》いほど伝《つた》わってきます。

ある日《ひ》の夕方《ゆうがた》、薪《まき》をくべて風呂《ふろ》を沸《わ》かしていると伯父《おじ》がきて、いいました。

「おまえは、小《ち》さいときから体《からだ》が弱《よわ》かった。こうして空気《くうき》のきれいな田舎《いなか》で暮《く》らしているから丈夫《じょうぶ》でいられるんだ」

なんとしても東京《とうきょう》行《い》きを断念《だんねん》させようと、伯父《おじ》は必死《ひっし》でした。しかし、わたしの心《こころ》は固《かた》かったのです。そんなわたしに伯父《おじ》は「大海《たいかい》のボート」といい放《はな》ちました。

荒《あ》れ狂《くる》う大海原《おおうなばら》の中《なか》、
小《ちい》さなボートに乗《の》って
必死《ひっし》にしがみついているわたし。

伯父《おじ》の言葉《ことば》にそんな自分《じぶん》の姿《すがた》を思《おも》い浮《う》かべました。どこへたどりつくのか、いつ転覆《てんぷく》するのかわからない前途《ぜんと》多難《たなん》な航海《こうかい》、その運命《うんめい》にあえて挑戦《ちょうせん》しようとするわたしに、伯父《おじ》は「日本一《にっぽんいち》の強情《ごうじょう》っ張《ぱ》り」といってさじを投《な》げたのです。

戦争《せんそう》で両親《りょうしん》を亡《な》くして親戚《しんせき》の家《いえ》を転々《てんてん》とし、どこにも行《ゆ》き場《ば》のないわたしたちを温《あたた》かい心《こころ》で救《すく》ってくれた優《やさ》しい伯父《おじ》。その伯父《おじ》の思《おも》いを叶《かな》えて、地元《じもと》で嫁《とつ》いで喜《よろこ》んでもらいたい気持《きも》ちも一方《いっぽう》にはありました。

しかしわたしは、どうしてもこのままこの地《ち》で一生《いっしょう》を終《お》えたくなかったのです。

とうとう、わたしは自分《じぶん》の初心《しょしん》を貫《つらぬ》きました。

「東京《とうきょう》へ行《い》ってもいい」といわれたときのことは、今《いま》も忘《わす》れられません。

「バンザーイ」

両手《りょうて》を思《おも》いっきり伸《の》ばし大空《おおぞら》に昇《のぼ》っていきたい……。

そんな心境《しんきょう》でした。

今日《きょう》は最後《さいご》の草刈《くさか》りです。

鎌《かま》と砥石《といし》を持《も》って――。

上京《じょうきょう》する日《ひ》がやってきました。

新潟《にいがた》の叔父《おじ》が千葉《ちば》まで、わたしを迎《むか》えにきてくれました。途中《とちゅう》、母方《ははかた》の祖母《そぼ》の家《いえ》に挨拶《あいさつ》に寄《よ》ると、米寿《べいじゅ》を過《す》ぎた祖母《そぼ》は、わたしの手《て》をしっかりと握《にぎ》り、「働《はたら》けよ、働《はたら》けよ」と力《ちから》を込《こ》めて何度《なんど》も繰《く》り返《かえ》すのです。ほかのことは何《なに》もいいません。おそらく、長年《ながねん》苦労《くろう》した人生《じんせい》の中《なか》から出《で》た言葉《ことば》が、わたしに贈《おく》る、この「働《はたら》けよ、働《はたら》けよ」という言葉《ことば》だったに違《ちが》いありません。

その夜《よる》、叔父《おじ》といっしょに東京《とうきょう》の錦糸町駅《きんしちょうえき》に降《お》り立《た》ったとき、まばゆいばかりのネオンの美《うつく》しさにびっくりしました。

しかし、その美《うつく》しさに陶酔《とうすい》する心《こころ》の余裕《よゆう》はわたしにありませんでした。「そうだ、この東京《とうきょう》のネオンを、心《こころ》から『きれいだな』と思《おも》えるようになるまでがんばろう」と固《かた》く心《こころ》に誓《ちか》いました。

上京《じょうきょう》して最初《さいしょ》に向《む》かったのは葛飾《かつしか》に住《す》む伯父《おじ》の家《いえ》です。この伯父《おじ》は、父《ちち》の姉《あね》のご主人《しゅじん》です。建築業《けんちくぎょう》を営《いとな》んでいて、新潟《にいがた》の叔父《おじ》の長男《ちょうなん》はそこで働《はたら》いていました。部屋《へや》に上《あ》がり挨拶《あいさつ》をすると、伯父《おじ》は開口一番《かいこういちばん》、「空襲《くうしゅう》で両親《りょうしん》が亡《な》くなったとき、わたしは兵隊《へいたい》に行《い》っていてなんの力《ちから》にもなれず、本当《ほんとう》に申《もう》し訳《わけ》なかった」とわたしに謝《あやま》ったのです。

わたしはびっくりしました。今《いま》まで親戚《しんせき》から冷《つめ》たくされることが多《おお》かった中《なか》で、伯父《おじ》の温《あたた》かいこの言葉《ことば》がジーンと胸《むね》にしみました。

葛飾《かつしか》の伯父《おじ》と新潟《にいがた》の叔父《おじ》は、実《じつ》の父親《ちちおや》のように力《ちから》になってくれました。

上京《じょうきょう》して初《はじ》めての仕事《しごと》は、伯父《おじ》のお世《せ》話《わ》で、葛飾区内《かつしかくない》のお肉屋《にくや》さんの店員《てんいん》でした。初《はじ》めての就職《しゅうしょく》、やっと自由《じゆう》になれた身《み》。しかし、それまでの田畑《たはた》を相手《あいて》の仕《し》事《ごと》から連日大勢《れんじつおおぜい》のお客《きゃく》を相手《あいて》の仕事《しごと》に変《か》わり、ただただ一生懸命《いっしょうけんめい》に働《はたら》く毎日《まいにち》でした。当時《とうじ》はまだ、スーパーマーケットなどない時代《じだい》でしたので、小売店《こうりてん》はとても忙《いそが》しかったのです。

葛飾《かつしか》の伯父《おじ》も新潟《にいがた》の叔父《おじ》も、ときどきお店《みせ》に顔《かお》を出《だ》してくれました。お肉屋《にくや》さんのご主人《しゅじん》から、「あなたは親《おや》がいなくても、いいおじさんたちがいていいなあ」といわれたことがあります。

プレスハム
ウインナーソーセージ
野菜サラダ

初《はじ》めてのお給料日《きゅうりょうび》がきました。

住《す》み込《こ》みで1か月《げつ》3000円《えん》。ご主人《しゅじん》から初《はじ》めてお給料袋《きゅうりょうぶくろ》を渡《わた》されたときにいわれた言葉《ことば》が忘《わす》れられません。

「人間《にんげん》は一生《いっしょう》の間《あいだ》に、お金《かね》がいくらあっても足《た》りないときが必《かなら》ずくるんですよ。貯金《ちょきん》しておきなさい」と。

こうしてわたしの東京《とうきょう》での生活《せいかつ》はスタートしたのです。

心《こころ》がへなへなとくじけそうになったときに、力《ちから》をくれたのは、上京《じょうきょう》する際《さい》に渡《わた》された一通《いっつう》の封書《ふうしょ》でした。千葉《ちば》の同《おな》じ集落《しゅうらく》に住《す》んでいたいとこ、源作兄《げんさくにい》さんからの贈《おく》り物《もの》です。

源作兄《げんさくにい》さんは、もともと東京《とうきょう》の深川《ふかがわ》に住《す》んでいて、本所《ほんじょ》のわたしの家《いえ》にときどききていました。戦後《せんご》、朝鮮《ちょうせん》から引《ひ》き揚《あ》げてきて、わたしの両親《りょうしん》が空襲《くうしゅう》で死《し》んだことを知《し》ったそうです。

封書《ふうしょ》の中《なか》の便箋《びんせん》には、漢詩《かんし》のような格言《かくげん》が書《か》かれていました。難《むずか》しくて、わたしには大《おお》まかにしか理解《りかい》できなかったのですが、「世《よ》の中《なか》を生《い》きていくうえで、どんな事態《じたい》にぶつかっても、心《こころ》を鍛《きた》えながら乗《の》り越《こ》える力《ちから》を与《あた》えてくれる格言《かくげん》」だとわかりました。

詩《し》の末尾《まつび》に「結果《けっか》は自然《しぜん》にくる」と書《か》き添《そ》えてありました。そして最後《さいご》に「貴妹《きまい》の上京《じょうきょう》に際《さい》し、右《みぎ》の詩《し》を贈《おく》る。健康《けんこう》を祈《いの》る」と結《むす》ばれていました。

贈《おく》られたこの詩《し》が、心《こころ》がくじけそうになったとき、どんなに力《ちから》になってくれたかわかりません。今《いま》もって、わたしは源作兄《げんさくにい》さんを「心《こころ》の兄《あに》」と慕《した》っています。

うれしい再会《さいかい》もありました。

新潟《にいがた》の叔父《おじ》から連絡《れんらく》があり、置《お》いてきてしまった弟《おとうと》と会《あ》わせたいというのです。4歳《さい》だった弟《おとうと》も、義務教育《ぎむきょういく》を終《お》え東京《とうきょう》に就職《しゅうしょく》が決《き》まったとのことでした。

11年《ねん》ぶりに見《み》る弟《おとうと》。

「こんなに大《おお》きくなって……」

がっしりした体格《たいかく》は母親《ははおや》ゆずり、幼《おさな》いころの面影《おもかげ》も少《すこ》し残《のこ》っています。

4歳《さい》のとき、目《め》ざめた弟《おとうと》は突然《とつぜん》姿《すがた》を消《け》した姉《あね》たちを探《さが》して、大声《おおごえ》で泣《な》きわめいたに違《ちが》いありません。しかし、弟《おとうと》は長年《ながねん》の別離《べつり》などまるでなかったかのように、すぐにわたしになついてくれました。目《め》に見《み》えない血《ち》のつながりに導《みちび》かれるように、その溝《みぞ》はすぐに埋《う》まったのです。

住《す》み込《こ》みでの店員《てんいん》などを経《へ》て、わたしは墨田区内《すみだくない》の建設事務所《けんせつじむしょ》に勤《つと》めることになりました。この事務所仲間《じむしょなかま》の紹介《しょうかい》で、茨城県出身《いばらきけんしゅっしん》の星野光江《ほしのみつえ》さんとふたりでアパート暮《ぐ》らしを始《はじ》めました。一字違《いちじちが》いの名前《なまえ》は偶然《ぐうぜん》です。四畳半《よじょうはん》ひと間《ま》に流《なが》し台《だい》つきで１か月《げつ》３５００円《えん》の部屋代《へやだい》でした。１９６０年《ねん》ごろのことです。

光江《みつえ》さんは生《う》まれてすぐに母親《ははおや》が亡《な》くなり、母親《ははおや》の顔《かお》を知《し》らずに育《そだ》ったそうです。性格《せいかく》はとても穏《おだ》やかで仏様《ほとけさま》のような人《ひと》と聞《き》いていましたが、本当《ほんとう》にそのとおりの人《ひと》でした。光江《みつえ》さんとの暮《く》らしは、わたしが28歳《さい》で結婚《けっこん》するまで４～５年《ねん》続《つづ》いたでしょうか。

わたしは生《う》まれながら新潟《にいがた》に縁《えん》があるようです。父《ちち》も新潟生《にいがたう》まれで、結婚相手《けっこんあいて》も新潟《にいがた》の農家《のうか》出身《しゅっしん》のいす作《づく》りの職人《しょくにん》さんでした。

結婚式《けっこんしき》はごく簡素《かんそ》に、夫《おっと》の郷里《きょうり》の新潟《にいがた》で挙《あ》げました。夢《ゆめ》だった花嫁衣裳《はなよめいしょう》ではなく、実際《じっさい》は振《ふり》袖《そで》でしたが、わたしはとてもうれしかったのです。式《しき》のあと、夫側《おっとがわ》の親戚《しんせき》が「あの嫁《よめ》さん、どこの馬《うま》の骨《ほね》や……」と小《ちい》さな声《こえ》でささやいていたという話《はなし》を聞《き》きました。結婚《けっこん》のときに、このような心《こころ》ない言葉《ことば》を浴《あ》びせられたのは、わたしだけではなく何人《なんにん》もいたということを、ほかの戦争孤児《せんそうこじ》の証言記録《しょうげんきろく》などから知《し》りました。

誰《だれ》が好《す》き好《この》んで孤児《こじ》になったというのでしょう。蔑《さげす》まれるべきは、残《のこ》された子《こ》どもではなく、親《おや》を奪《うば》った「あの戦争《せんそう》」ではないでしょうか。

17～18歳《さい》のころだったでしょうか。「どんな結婚《けっこん》を望《のぞ》んでいるの？」と聞《き》かれたわたしは、相手《あいて》は「何《なに》もない人《ひと》、裸一貫《はだかいっかん》の人《ひと》がいい」と答《こた》えたことがありました。たとえ苦労《くろう》をしても自《じ》分《ぶん》の力《ちから》で自由《じゆう》に生《い》きたいわたしは、ゼロからスタートしたかったのです。夫《おっと》は無欲《むよく》の人《ひと》でした。打算的《ださんてき》なところがまったくない珍《めずら》しい人《ひと》です。何度《なんど》も大病《たいびょう》はしたけれど心《こころ》はつねに晴天《せいてん》そのもの。すべて自分《じぶん》の思《おも》いを貫《つらぬ》き通《とお》し、自由《じゆう》に生《い》き、今《いま》から10年前《ねんまえ》に亡《な》くなりました。

亡《な》くなったあと、夫《おっと》を漢字《かんじ》一文字《ひともじ》で表《あらわ》すと……と考《かんが》えたことがあります。浮《う》かんだのは「無《む》」の文字《もじ》でした。

夫《おっと》は、「無《む》」の字《じ》がぴったりな、本当《ほんとう》に無欲《むよく》の人《ひと》でした。

わたしは、書家《しょか》に「無《む》」と書《か》いてもらい、新《あたら》しく建《た》てたお墓《はか》に彫《ほ》っていただきました。

今《いま》から20年《ねん》ほど前《まえ》、葛飾《かつしか》に住《す》むいとこのお姉《ねえ》さんから宅配便《たくはいびん》が届《とど》きました。直径《ちょっけい》10センチ、長《なが》さ25センチほどの筒状《つつじょう》の包《つつ》みです。

「いったいなんだろう？」

開《あ》けてみると、中《なか》からは幾重《いくえ》にも重《かさ》なったおわんと、添《そ》え書《が》きが出《で》てきました。

「地下《ちか》をかたづけていたら『本所《ほんじょ》　わん』と書《か》かれた箱《はこ》が出《で》てきました。戦時中《せんじちゅう》あなたのご両《りょう》親《しん》がわが家《や》に預《あず》けたのだと思《おも》います。おわんは漆塗《うるしぬ》りです。ご両親《りょうしん》の形見《かたみ》だと思《おも》って大事《だいじ》にしてください」

葛飾《かつしか》のいとこのうちは当時《とうじ》、田《た》んぼの中《なか》にポツンと建《た》っていて、本所《ほんじょ》のわたしの家《いえ》より安全《あんぜん》でした。太平洋戦争中《たいへいようせんそうちゅう》、日《ひ》増《ま》しに激《はげ》しくなる空襲《くうしゅう》を避《さ》けるため、父《ちち》が店用《みせよう》のおわんを「疎開《そかい》」させていたのでしょう。

50年《ねん》ぶりに手《て》にする両親《りょうしん》の形見《かたみ》。
すべて燃《も》え尽《つ》きて、何《なに》もかもなくなってしまったわけではなかったのです。

疎開《そかい》して生《い》き残《のこ》った、わたしたちとおわん。わたしは、このおわんを妹《いもうと》と弟《おとうと》にも分《わ》けて送《おく》りました。

ちょうど3月《がつ》10日《とおか》も近《ちか》い、春《はる》の日《ひ》のことでした。

ほたるの池《いけ》

永田郁子《ながたいくこ》（終戦時《しゅうせんじ》9歳《さい》）

わたしは東京都《とうきょうと》深川区《ふかがわく》で生《う》まれました。今《いま》の江東区《こうとうく》です。深川区《ふかがわく》千石町《せんごくちょう》で、父《ちち》は鉄工所《てっこうじょ》を経営《けいえい》していました。家族《かぞく》は両親《りょうしん》と、姉《あね》が3人《にん》、兄《あに》がひとり、末《すえ》っ子《こ》のわたしの5人《にん》きょうだいです。工場《こうじょう》で働《はたら》いている住《す》み込《こ》みのおにいさんたちも4～5人《にん》いました。それに近所《きんじょ》の人《ひと》たちも仕事《しごと》を手伝《てつだ》いにきていましたので、大勢《おおぜい》の人《ひと》に囲《かこ》まれてわたしは育《そだ》ちました。

広《ひろ》さが1万坪《まんつぼ》といわれる大《おお》きな貯木場《ちょぼくじょう》の池《いけ》が、家《いえ》のすぐ裏《うら》にありました。深川《ふかがわ》の木場《きば》は材木商《ざいもくしょう》の多《おお》く集《あつ》まっている地域《ちいき》で、広《ひろ》い池《いけ》に見渡《みわた》す限《かぎ》りたくさんの丸太《まるた》が浮《う》いています。この池《いけ》に浮《う》いている丸太《まるた》の上《うえ》を、ぴょんぴょん跳《は》ねて渡《わた》ってひとりで遊《あそ》びました。いつまで遊《あそ》んでいても飽《あ》きることはなく楽《たの》しかったですね。わたしは、この丸太遊《まるたあそ》びが大好《だいす》きでした。でも家族《かぞく》に見《み》つかると怒《おこ》られました。

「落《お》ちたら危《あぶ》ないぞ！　池《いけ》は深《ふか》いんだぞ！」

でも、丸太《まるた》に乗《の》って遊《あそ》んでいても、一《いち》度《ど》も落《お》ちそうになったことはなく、とっても楽《たの》しい遊《あそ》びだったのです。

家《いえ》の前《まえ》で、色水屋《いろみずや》さんごっこもよくしました。色紙《いろがみ》を水《みず》の中《なか》に入《い》れてしぼると、きれいな色水《いろみず》ができるのです。いらなくなったコップを母《はは》からもらって色水《いろみず》を入《い》れて並《なら》べると、とってもきれいです。

色水《いろみず》と色水《いろみず》を混《ま》ぜ合《あ》わせると、新《あら》たな色《いろ》に早《はや》がわりします。涼《すず》しさをさそう色《いろ》水屋《みずや》さんごっこが、わたしは大好《だいす》きでした。

わたしが子《こ》どものころは、電気釜《でんきがま》などありません。かまどで薪《まき》を燃《も》やしてご飯《はん》

を炊《た》きました。母《はは》から、「忙《いそが》しいから手《て》伝《つだ》ってちょうだい！」と用事《ようじ》をいいつけられたことは一度《いちど》もありません。いつも自分《じぶん》から、すすんでお手伝《てつだ》いをしました。母《はは》のお手伝《てつだ》いをするのが、わたしは大好《だいす》きだったのです。

夏《なつ》になると、ほたる狩《が》りもしました。

お隣《となり》の材木屋《ざいもくや》さんの、材木《ざいもく》をたくさん立《た》ててあるところへ行《い》くと、そのすき間《ま》を、ピカッピカッときれいな光《ひかり》を放《はな》ちながら、ほたるがいっぱい飛《と》んでいます。

とってもきれいです。

網《あみ》も何《なに》もいらず、そっと手《て》を出《だ》し、手《て》のひらですくうだけで、たくさんのほたるがとれるのです。

小学《しょうがく》3年生《ねんせい》になったころ、アメリカのB《ビー》29爆撃機《ばくげきき》が、日本《にっぽん》の上空《じょうくう》から爆弾《ばくだん》を落《お》としにくるようになりました。その空襲《くうしゅう》のせいで、東京《とうきょう》の学校《がっこう》には通《かよ》えなくなり学童疎開《がくどうそかい》が始《はじ》まりました。

1944年《ねん》8月《がつ》には、第一陣《だいいちじん》が東京《とうきょう》を出発《しゅっぱつ》。続《つづ》いて沖縄《おきなわ》、大阪《おおさか》、横浜《よこはま》、川崎《かわさき》、名古屋《なごや》などの都市《とし》から周辺《しゅうへん》の県《けん》の農山村《のうさんそん》部《ぶ》への疎開《そかい》が9月《がつ》の末《すえ》までに行《おこな》われました。その総数《そうすう》は40万人《まんにん》以上《いじょう》といわれています。

わたしは学校《がっこう》のお友《とも》だちといっしょに集団疎開《しゅうだんそかい》に行《い》くことになりました。

疎開先《そかいさき》は、新潟県西蒲原郡《にいがたけんにしかんばらぐん》にある大連《だいれん》寺《じ》という大《おお》きなお寺《てら》です。ひと晩《ばん》汽車《きしゃ》にゆられて翌朝《よくあさ》、新潟《にいがた》に着《つ》きました。3年《ねん》

生《せい》から6年生《ねんせい》まで88名《めい》の児童《じどう》とともに、このお寺《てら》での集団生活《しゅうだんせいかつ》が始《はじ》まりました。

集団疎開中《しゅうだんそかいちゅう》、いちばんうれしかったことは、なんといっても東京《とうきょう》の家族《かぞく》からの手紙《てがみ》でした。

最初《さいしょ》は田舎《いなか》の暮《く》らしが何《なに》もかもめずらしくて、寂《さび》しさを感《かん》じることはなかったのですが、2か月《げつ》、3か月《げつ》と時《とき》がたつにつれ、東京《とうきょう》の家族《かぞく》が恋《こい》しくなり、今《いま》すぐにでも飛《と》んで帰《かえ》りたい……そんな気持《きも》ちをこらえて、毎日《まいにち》を過《す》ごしていました。「戦争《せんそう》に勝《か》つまでは」と厳《きび》しく教育《きょういく》されていたからです。

だから、ひとりずつ先生《せんせい》から名前《なまえ》を呼《よ》ばれて渡《わた》される家族《かぞく》からの手紙《てがみ》が、何《なに》よりうれしかったのです。

昭和《しょうわ》20年《ねん》3月10日《がつとおか》、東京《とうきょう》はそれまでにない大規模《だいきぼ》な空襲《くうしゅう》を受《う》け、わたしたちの家《いえ》も学校《がっこう》も、すべて燃《も》え尽《つ》きてしまったと、東京《とうきょう》から戻《もど》ってきた6年生《ねんせい》から聞《き》きました。

4月《がつ》には先生《せんせい》が東京《とうきょう》に行《い》き、児童一人《じどうひとり》ひとりの家族《かぞく》の被害状況《ひがいじょうきょう》を調《しら》べてきてくださいました。先生《せんせい》が新潟《にいがた》へ戻《もど》られてから、お寺《てら》の住職《じゅうしょく》をはじめ近隣《きんりん》からも大勢《おおぜい》のお坊《ぼう》さんが集《あつ》まり、お経《きょう》があげられました。

その読経《どきょう》の最中《さいちゅう》に、先生《せんせい》からひとりずつ名前《なまえ》を呼《よ》ばれ被害状況《ひがいじょうきょう》が知《し》らされました。家族《かぞく》が亡《な》くなった児童《じどう》があまりにも多《おお》すぎて、子《こ》どもたちにどのように伝《つた》えたらよいか考《かんが》えてくださったのです。

母《はは》　40歳《さい》

父《ちち》　46歳《さい》

三女《さんじょ》　15歳《さい》

次女《じじょ》　18歳《さい》

長女《ちょうじょ》　20歳《さい》

わたしの家《いえ》では、父《ちち》と母《はは》と3人《にん》の姉《あね》が亡《な》くなり、兄《あに》ひとり助《たす》かったと聞《き》かされました。

3月10日《がつとおか》の夜《よる》、いつもの空襲《くうしゅう》とは違《ちが》う気配《けはい》に、警防団員《けいぼうだんいん》だった父《ちち》は、母《はは》と姉《あね》たちを先《さき》に避難《ひなん》させ、兄《あに》とふたりで消火《しょうか》に努《つと》めたようです。

しかし、あまりにもB《ビー》29の数《かず》が多《おお》く、焼夷弾《しょういだん》は雨《あめ》あられのように降《ふ》ってきて、人間《にんげん》の手《て》で消火《しょうか》できる状態《じょうたい》ではありませんでした。

父《ちち》と兄《あに》は、このままでは自分《じぶん》たちの命《いのち》が危《あぶ》ないと判断《はんだん》し、安全《あんぜん》な場所《ばしょ》へ逃《に》げるしかなかったようです。

あの夜《よる》、母《はは》と3人《にん》の姉《あね》は、どの方向《ほうこう》へ逃《に》げたのでしょうか。そして、どこで息《いき》絶《た》えたのでしょうか。いまだに不明《ふめい》のままです。

父《ちち》の遺体《いたい》は、後日《ごじつ》、自宅裏《じたくうら》の貯木場《ちょぼくじょう》の池《いけ》の中《なか》から見《み》つかりました。火《ひ》の海《うみ》の中《なか》、熱《あつ》さから逃《のが》れるため必死《ひっし》で飛《と》び込《こ》んだのでしょうか。

この池《いけ》は、わたしが幼《おさな》いころ丸《まる》太《た》遊《あそ》びをした池《いけ》です。

たくさんの遺体《いたい》が池《いけ》の中《なか》から引《ひ》き上《あ》げられました。顔《かお》にはうっすら土《つち》がかけられていたそうです。

兄《あに》は、後日《ごじつ》、引《ひ》き上《あ》げられた父《ちち》の遺体《いたい》から胸《むね》の名札《なふだ》をはぎとってきました。父《ちち》

の唯一《ゆいいつ》の形見《かたみ》として、今《いま》もわたしの手元《てもと》にあり、たいせつにしています。

兄《あに》は、あの空襲《くうしゅう》の夜《よる》のことは何《なに》も話《はな》してくれません。両親《りょうしん》や姉《あね》の様子《ようす》を聞《き》きたくても口《くち》を閉《と》ざしたままです。思《おも》い出《だ》すのも辛《つら》いらしく、テレビを見《み》ていても空襲《くうしゅう》に似《に》たシーンではスイッチを切《き》ってしまいます。

生《い》き残《のこ》った人《ひと》の心中《しんちゅう》から、あの夜《よる》の悪夢《あくむ》が消《き》えることは、生涯《しょうがい》ないのだと思《おも》います。

残《のこ》されたふたりのきょうだいのうち、わたしだけが愛知県《あいちけん》の母《はは》の実家《じっか》に連《つ》れていかれました。

母《はは》の実家《じっか》では、ずいぶんいじめられました。

叔母《おば》のものがなくなるたびに、「おまえが盗《と》ったんだろう！」と、おじいさんから責《せ》められました。身《み》におぼえがないのに、わたしのせいにされるのです。無《む》実《じつ》の罪《つみ》を着《き》せられたあげく、「タンスのある部屋《へや》に入《はい》るな！」といわれました。

母《はは》が亡《な》くなる前《まえ》、ときどき遊《あそ》びにきていたときは、とっても大事《だいじ》にしてくれたのですが、親《おや》が生《い》きているのと死《し》んでいなくなったのとでは、これほどまでに違《ちが》うものなのかと思《おも》い知《し》らされました。

みんなで食事《しょくじ》をしているとき、わたしが「おかわり」といってお茶《ちゃ》わんを出《だ》すと、「居候《いそうろう》に2杯《はい》食《く》わすな！」といって、おじいさんは、怖《こわ》い顔《かお》で怒《おこ》るのです。もっと食《た》べたくても食《た》べさせてくれないのです。おじいさんからの虐待《ぎゃくたい》は、日増《ひま》しにエスカレートしていきました。

お腹《なか》がすいてたまらず、何《なに》か食《た》べ物《もの》が落《お》ちていないかと、いつも下《した》ばかり見《み》て歩《ある》いていました。食《た》べ物《もの》など落《お》ちているはずがないのに……。それほどお腹《なか》がすいていたのです。

その後《ご》、いじめられ、じゃま者《もの》あつかいされていた母《はは》の実家《じっか》とは縁《えん》を切《き》りました。ほかの親戚《しんせき》からも、「親《おや》のない子《こ》のめんどうをみるのはいやだ」と冷《つめ》たくあしらわれ、親《おや》のないみじめさを、いやというほど思《おも》い知《し》らされました。以後《いご》、すべての親戚《しんせき》と交際《こうさい》を絶《た》ちました。

おじいさんの、あまりにも冷《つめ》たい仕《し》打《う》ちに我慢《がまん》できず、兄《あに》に手紙《てがみ》を出《だ》して迎《むか》えにきてもらいましたが、男子寮《だんしりょう》にいる兄《あに》とはいっしょに住《す》むことができず、わたしは、兄《あに》の知人《ちじん》の家《いえ》を転々《てんてん》とすることになったのです。

ある日《ひ》、「そろそろ、お兄《にい》さんのところへ行《い》きなさい」といわれ外《そと》に出《だ》されましたが、兄《あに》がどこにいるのかわからず、どこに行《い》くあてもなく、ふろしき包《づつ》みを持《も》ったまま、街《まち》をさ迷《まよ》っていました。

このふろしき包《づつ》みの中《なか》には、集団疎開《しゅうだんそかい》していたときに家族《かぞく》からきた手紙《てがみ》が入《はい》っていました。これは、わたしの大事《だいじ》な宝《たから》物《もの》です。9歳《さい》で両親《りょうしん》を亡《な》くしたあと、すがる人《ひと》もなく、心《こころ》を打《う》ち明《あ》けられる人《ひと》もいない。そんなとき、家族《かぞく》からの手紙《てがみ》を

開《ひら》いて読《よ》み返《かえ》すと、ホッとして、とっても心《こころ》が安《やす》らいだのです。

どこに行《い》くあてもなく、ウロウロしているうち、あたりが暗《くら》くなってきました。ちょうどそのとき、古《ふる》い神社《じんじゃ》を見《み》つけました。まわりを見回《みまわ》すと人影《ひとかげ》がありません。わたしはそっと神社《じんじゃ》の階段《かいだん》を上《あ》がってみました。

その夜《よる》は、神社《じんじゃ》の隅《すみ》っこで身《み》を縮《ちぢ》めて寝《ね》ました。静《しず》まり返《かえ》った真《ま》っ暗闇《くらやみ》の神社《じんじゃ》にひとりでいると、とても心細《こころぼそ》く、親《おや》のいない悲《かな》しさがドーッとこみ上《あ》げてきました。

この神社《じんじゃ》には、1週間《しゅうかん》ほど野宿《のじゅく》しました。その間《あいだ》、空腹《くうふく》をどうしのいだのか、どうしても思《おも》い出《だ》せないのです。

ある日《ひ》、街《まち》を歩《ある》いていると、わたしを探《さが》してくれていた兄《あに》とばったり会《あ》いました。その後《ご》、兄《あに》の恩師《おんし》が部屋《へや》を貸《か》してくれて、ようやく兄《あに》といっしょの生活《せいかつ》が始《はじ》まりました。

わたしは、ずっと学校《がっこう》へ行《い》っていませんでした。いったい、いつになったら学校《がっこう》へ行《い》けるんだろう……。わたしは近《ちか》くの中学校《ちゅうがっこう》へひとりで行《い》ってみました。

「学校《がっこう》へ通《かよ》いたいんですけど……」

持《も》っていた小学校《しょうがっこう》のころの通信簿《つうしんぼ》を先生《せんせい》に渡《わた》すと、職員室《しょくいんしつ》に入《はい》っていった先生《せんせい》は、すぐに出《で》てきて「明日《あした》から、いらっしゃい」と温《あたた》かいお言葉《ことば》をかけてくださいました。

中学校《ちゅうがっこう》へ通《かよ》うことができたものの、卒《そつ》業《ぎょう》するまでの3年間《ねんかん》、わたしはとうとうお弁当《べんとう》を持《も》っていくことができませんでした。そのころは、今《いま》のように学校給食《がっこうきゅうしょく》はなかったのです。みんなが、おいしそうにお弁当《べんとう》を食《た》べている間《あいだ》、わたしは、ひっそり本《ほん》を読《よ》んでいました。

修学旅行《しゅうがくりょこう》にも行《い》けず、みんなの楽《たの》しそうな旅行《りょこう》の話《はなし》に加《くわ》わることができなくて寂《さび》しい思《おも》いもしました。

高校進学《こうこうしんがく》もあきらめました。親《おや》が生《い》きていたら必《かなら》ず高校《こうこう》へ進学《しんがく》させてくれたはずです。クラスのみんなが高校入試《こうこうにゅうし》に向《む》かう姿《すがた》を、とてもうらやましく眺《なが》めていました。

わたしのような親《おや》のない子《こ》は、中学《ちゅうがく》を卒業《そつぎょう》すると自分《じぶん》の力《ちから》で生《い》きていかなくてはなりません。働《はたら》くといっても家《いえ》がないため他人《たにん》の家《いえ》に住《す》み込《こ》みで働《はたら》くしかないのです。わたしは、ひとりで生《い》きていくために手《て》に職《しょく》をつけようと思《おも》い、看護婦《かんごふ》の募集《ぼしゅう》を知《し》り、友《とも》だちといっしょに受《じゅ》験《けん》しました。そして、当時《とうじ》の大蔵省《おおくらしょう》の病院《びょういん》の付属《ふぞく》看護学校《かんごがっこう》に運《うん》よく合格《ごうかく》しました。看護学校《かんごがっこう》で2年間《ねんかん》勉強《べんきょう》をして資格試験《しかくしけん》に受《う》かり、正式《せいしき》に看護婦《かんごふ》として自立《じりつ》することができた喜《よろこ》びは格別《かくべつ》でした。

親《おや》を亡《な》くしたあと、何《なに》がうれしかったかといえば、何《なに》よりも「自立《じりつ》できたこと」です。人《ひと》の力《ちから》を借《か》りずに、自分《じぶん》の力《ちから》で生《い》きていけることです。そして、もうひとつ、これからは、朝《あさ》、昼《ひる》、晩《ばん》と三食《さんしょく》、食《た》べられる。あれほど望《のぞ》んでいた勉強《べんきょう》もいちおうできますし、住《す》むところの心《しん》配《ぱい》もしなくてよくなり、本当《ほんとう》にありがたいと思《おも》いました。

見《み》えない母《はは》に支《ささ》えられて

山田清一郎《やまだせいいちろう》（終戦時《しゅうせんじ》10歳《さい》）

わたしは神戸《こうべ》で生《う》まれました。神戸《こうべ》の三宮《さんのみや》近《ちか》くで、花屋《はなや》をやっていた父《ちち》と母《はは》の3人《にん》で暮《く》らしていました。毎日《まいにち》、花《はな》の香《かお》りいっぱいの中《なか》で育《そだ》ったのです。

1944年《ねん》、小学《しょうがく》3年生《ねんせい》のころになると、東京《とうきょう》をはじめ、名古屋《なごや》、大阪《おおさか》、神戸《こうべ》などの大都市《だいとし》が、アメリカ軍《ぐん》の空襲《くうしゅう》を受《う》けるようになりました。

わたしの住《す》んでいた神戸《こうべ》の街《まち》は、1945年《ねん》3月《がつ》17日《にち》の夜中《よなか》に大型爆撃機《おおがたばくげきき》B《ビー》29により大空襲《だいくうしゅう》を受《う》けて大勢《おおぜい》の人《ひと》が亡《な》くなりました。

空襲《くうしゅう》のとき、父《ちち》が家《いえ》に残《のこ》り、母《はは》とわたしは、三宮駅前《さんのみやえきまえ》のデパートの地下《ちか》に避難《ひなん》しました。

2〜3時間続《じかんつづ》いた空襲《くうしゅう》がやっと終《お》わり、母《はは》と自分《じぶん》の家《いえ》に行《い》ってみました。昨日《きのう》まで大勢《おおぜい》の人《ひと》が住《す》んでいた街《まち》は、あとかたもなく黒《くろ》く焼《や》け焦《こ》げ、炭《すみ》のようになっていました。焼《や》け跡《あと》の中《なか》を母《はは》といっしょに、父《ちち》を探《さが》しました。しかし、どんなに探《さが》しても見《み》つけ出《だ》すことができません。あまりにも火力《かりょく》が強《つよ》くて、死体《したい》のかけらさえ残《のこ》らないほど焼《や》けてしまっていたのです。

地面《じめん》に触《ふ》れた手《て》や足《あし》が、焼《や》け跡《あと》の余熱《よねつ》で熱《あつ》いくらいでした。

母《はは》とわたしは2時間以上《じかんいじょう》、焼《や》け跡《あと》を探《さが》しましたが、とうとう父《ちち》を見《み》つけることはできませんでした。まわりにいた人《ひと》たちも、みな同《おな》じようでした。泣《な》いている大勢《おおぜい》の人《ひと》の声《こえ》が、焼《や》け跡《あと》に悲《かな》しく響《ひび》いているだけでした。

そのとき、1匹《ぴき》の子犬《こいぬ》が、やけどした足《あし》を痛《いた》そうに引《ひ》きずりながら、わたしのほうに向《む》かってきます。

「母《かあ》ちゃん、この犬《いぬ》連《つ》れていってええか？」

「だめや、これから母《かあ》ちゃんの友《とも》だちの家《いえ》にお世話《せわ》になるのに、犬《いぬ》なんか連《つ》れていかれへん」

「でも、ケガしてかわいそうやで」

「かわいそうやけど、連《つ》れていかれへんがな……」

仕方《しかた》なく、わたしはしがみついてくる子犬《こいぬ》を引《ひ》き離《はな》すようにして地面《じめん》に置《お》きました。

わたしは、後《うし》ろを見《み》ないでひたすら歩《ある》きました。かなりの距離《きょり》を歩《ある》いて、もうここまでは、ついてこないだろうとふり返《かえ》ってびっくり。なんと子犬《こいぬ》は転《ころ》げながらもこちらに向《む》かってくるのです。

「こんなに大勢《おおぜい》の人《ひと》が焼《や》け死《し》んでしもうたのに、こんな小《ちい》さな犬《いぬ》が、がんばって生《い》きている。ケガしとるのに、おまえのあとを追《お》っかけてきた。よう、ついてきたな。もう置《お》いていったらかわいそうや。連《つ》れていってやろうや」

そういって、母《はは》は子犬《こいぬ》の体《からだ》を優《やさ》しくなでました。わたしは近《ちか》くにあったこわれた水道《すいどう》の水《みず》で、黒《くろ》く汚《よご》れた子犬《こいぬ》の体《からだ》と赤《あか》くただれた傷口《きずぐち》をきれいに洗《あら》ってやり、「シロ」という名前《なまえ》をつけました。

続《つづ》いて6月《がつ》5日《いつか》、また神戸《こうべ》が空襲《くうしゅう》を受《う》

けたのです。

わたしは母《はは》の友《とも》だちの家《いえ》の近《ちか》くの道路《どうろ》に掘《ほ》ってあった防空壕《ぼうくうごう》へ、シロを抱《だ》いて母《はは》といっしょに入《はい》りました。当時《とうじ》、各家《かくか》庭《てい》で押《お》し入《い》れの下《した》や縁《えん》の下《した》に、また地元《じもと》の住民《じゅうみん》たちで道路《どうろ》のあちこちに「防空《ぼうくう》壕《ごう》」という穴《あな》を掘《ほ》って、空襲《くうしゅう》になるとその中《なか》に避難《ひなん》していたのです。

防空壕《ぼうくうごう》の屋根《やね》に焼夷弾《しょういだん》が落《お》ちる音《おと》が聞《き》こえてきました。

「子《こ》どもを早《はや》く外《そと》に出《だ》せ！」誰《だれ》かが叫《さけ》びました。

そのとき、抱《だ》いていたシロが、突然《とつぜん》わたしの腕《うで》から飛《と》び降《お》りて防空壕《ぼうくうごう》の奥《おく》にいる母《はは》のほうに走《はし》っていったのです。

「シロ、シロ！」

……シロは戻《もど》ってきません――。

「早《はや》く外《そと》に出《で》ろ！」

押《お》し出《だ》されるように外《そと》に出《で》て、ふり返《かえ》ったそのとき、防空壕《ぼうくうごう》は音《おと》を立《た》てて崩《くず》れ落《お》ちたのです。あっというまでした。みんな生《い》き埋《う》めになってしまったのです。

「母《かあ》ちゃん！　シロ！」

大《おお》きな声《こえ》で崩《くず》れた防空壕《ぼうくうごう》に向《む》かって叫《さけ》びましたが、その声《こえ》は焼夷弾《しょういだん》の音《おと》と強《つよ》い風《かぜ》に消《け》されてしまいました。

燃《も》えさかる火《ひ》の中《なか》を大勢《おおぜい》の人《ひと》たちに押《お》されるように、わたしは六甲山《ろっこうさん》のほうへ走《はし》って逃《に》げました。B《ビー》29から落《お》ちてくる焼夷弾《しょういだん》に当《あ》たって倒《たお》れる人《ひと》や、服《ふく》に火《ひ》が燃《も》え移《うつ》って火《ひ》だるまのようになっていく人《ひと》を何人《なんにん》も見《み》ました。

大勢《おおぜい》の人《ひと》といっしょに逃《に》げているうちに、いつのまにかみんなとはぐれて小《ちい》さな女《おんな》の子《こ》とふたりだけになってしまいました。その子《こ》は、近所《きんじょ》に住《す》む美代子《みよこ》ちゃんで、5歳《さい》くらいでした。美代子《みよこ》ちゃんは、とても怖《こわ》がってわたしの手《て》をしっかりと握《にぎ》ったまま放《はな》しません。

逃《に》げている途中《とちゅう》、防火用水《ぼうかようすい》の横《よこ》を通《とお》ったとき、赤《あか》ちゃんの泣《な》き声《ごえ》が聞《き》こえてきました。

「なんでこんなところで赤《あか》ちゃんの泣《な》き声《ごえ》がするんだろう……」

声《こえ》のするほうへ行《い》くと、今《いま》、生《う》まれたばかりの赤《あか》ちゃんが……。そのそばで血《ち》まみれになったお母《かあ》さんが、死《し》んでいました。

わたしはびっくりして、泣《な》いている赤《あか》ちゃんをそばにあったタオルで包《つつ》んで抱《だ》いて、山《やま》のほうへ逃《に》げました。やっと六甲山《ろっこうさん》の麓《ふもと》にたどりついたとき、赤《あか》ちゃんの泣《な》き声《ごえ》が聞《き》こえません。もう死《し》んでいたのです。

「赤《あか》ちゃん死《し》んでしもうたんか。かわいそうやな」

美代子《みよこ》ちゃんが、赤《あか》ちゃんの顔《かお》をのぞきこみながらいいました。

「さっきまで生《い》きておったのに、ほんまかわいそうや」

「お乳《ちち》飲《の》んどったら死《し》ななかったやろうか」

まわりにいた大人《おとな》たちが小《ちい》さな穴《あな》を掘《ほ》ってくれたので、タオルに包《つつ》んだまま赤《あか》ちゃんを埋《う》めました。

「母《かあ》ちゃんも死《し》んどったし、この赤《あか》ちゃん、いっぺんも母《かあ》ちゃんのお乳《ちち》飲《の》んどらへんのかな」

「そうや、生《う》まれてすぐ母《かあ》ちゃん死《し》んでしもたからな」

わたしは、血《ち》だらけになって死《し》んでいたお母《かあ》さんのことを思《おも》いました。

「連《つ》れてこんと、あのまま母《かあ》ちゃんのそばに置《お》いといたほうがよかったかもしらん」

涙《なみだ》の粒《つぶ》がついていた赤《あか》ちゃんのほっぺを指《ゆび》で拭《ふ》いたら、その小《ちい》さな頬《ほお》にわたしの汚《よご》れた手《て》の跡《あと》がつきました。

「さいなら、はよう母《かあ》ちゃんのとこへ行《い》きや……」

ふたりで土《つち》をかけながら、こらえてもこらえても涙《なみだ》が止《と》まりませんでした。

それから、防空壕《ぼうくうごう》のあったところに帰《かえ》りました。中《なか》にいた人《ひと》は、ひとりも助《たす》かりませんでした。みんな生《い》き埋《う》めになって死《し》んでしまったのです。

「母《かあ》ちゃん、シロ！」

大《おお》きな声《こえ》で呼《よ》びました。どんなに呼《よ》んでも、その声《こえ》は届《とど》くはずはありません。でもわたしには母《はは》やシロが死《し》んだと、どうしても信《しん》じられなかったのです。つい3時間《じかん》くらい前《まえ》まで元気《げんき》で話《はなし》をしていたのに……。その夜《よる》は、母《はは》とシロが生《い》き埋《う》めになった防空壕《ぼうくうごう》から離《はな》れず、一夜《いちや》を明《あ》かしました。

翌朝《よくあさ》、三宮《さんのみや》の駅《えき》へ行《い》ってみました。同《おな》じように親《おや》のない子《こ》が大勢《おおぜい》いました。

それからは、焼《や》け跡《あと》に残《のこ》っていた銀行《ぎんこう》

の金庫《きんこ》をねぐらにして、孤児《こじ》の仲間《なかま》たちと暮《く》らし始《はじ》めました。ふとんもなければ、着替《きが》えもない。あかりもなければ食器《しょっき》もない。何《なに》もかもない中《なか》で、眠《ねむ》くなったら寝《ね》る、着《き》のみ着《き》のままの、なりゆきまかせの暮《く》らしです。今日《きょう》は、何月何日《なんがつなんにち》で、何曜日《なんようび》の何時《なんじ》ごろ……などという感覚《かんかく》は完全《かんぜん》になくなっていき、そんな生活《せいかつ》は戦争《せんそう》が終《お》わってからも続《つづ》きました。

親《おや》も家《いえ》もない孤児《こじ》たちが生《い》きていくには、「もらうか、拾《ひろ》うか、盗《と》って食《く》うか」しかありません。しかし、誰《だれ》も食《た》べ物《もの》をくれる人《ひと》はおらず、拾《ひろ》うといっても食《た》べ物《もの》など落《お》ちていません。結局《けっきょく》、生《い》きていくには盗《ぬす》んで食《た》べるしかなかったのです。

仲間《なかま》のアキラ君《くん》は、お店《みせ》からトマトを盗《ぬす》んで逃《に》げました。

お店《みせ》のおじさんは、「こらっ、何《なに》しよるねん！」と大声《おおごえ》でアキラ君《くん》を追《お》いかけました。アキラ君《くん》は、体《からだ》は小《ちい》さくても走《はし》るのが速《はや》いのです。闇市通《やみいちどお》りを走《はし》って元町《もとまち》の広《ひろ》い道路《どうろ》に出《で》たちょうどそのとき、ジープが勢《いきお》いよく走《はし》ってきました。

ジープは体《からだ》の小《ちい》さいアキラ君《くん》が見《み》えなかったのか、スピードをゆるめず突《つ》っ込《こ》んできました。

「ギャー」

アキラ君《くん》の大《おお》きな声《こえ》が、あたりに響《ひび》きました。


ジープにひかれたアキラ君《くん》は、即死《そくし》でした。

車《くるま》から降《お》りてきたアメリカ兵《へい》と若《わか》い日本女性《にほんじょせい》はシートを取《と》り出《だ》し、アキラ君《くん》を包《つつ》んで車《くるま》に乗《の》せ、そのまま走《はし》り去《さ》っていきました。

道路《どうろ》には、アキラ君《くん》の体《からだ》から流《なが》れ出《で》た血《ち》の海《うみ》の中《なか》で、つぶれたトマトが転《ころ》がっていました。

暑《あつ》い日差《ひざ》しの下《した》、真《ま》っ赤《か》なトマトが血《ち》の中《なか》で動《うご》いているのです。まるでアキラ君《くん》の「心臓《しんぞう》の鼓動《こどう》」のように見《み》えました。

わたしはトマトを見《み》るたびにアキラ君《くん》を思《おも》い出《だ》し、今《いま》もトマトが食《た》べられないのです。

お腹《なか》がすいても食《た》べるものがない。そんなとき、わたしたち孤児《こじ》は、屋台《やたい》や店《みせ》の外《そと》に置《お》いてある、桶《おけ》やバケツの中《なか》の「残飯《ざんぱん》」を食《た》べていました。すでに腐《くさ》ったものもあるので、お腹《なか》が痛《いた》くなることもありました。

その日《ひ》も、みんなで桶《おけ》の中《なか》をかきまわして残飯《ざんぱん》を食《た》べてから、ねぐらの「金庫《きんこ》」に帰《かえ》ってきました。ほどなくして、仲間《なかま》のトシオ君《くん》が、急《きゅう》にお腹《なか》が痛《いた》いと苦《くる》しみだしました。

病気《びょうき》になっても浮浪児《ふろうじ》は、お医者《いしゃ》さんにかかれません。どうしていいかわからず「トシ、どうや、元気出《げんきだ》せや」と声《こえ》をかけましたが、トシオ君《くん》の苦《くる》しみは治《おさ》まりません。

それから1時間《じかん》ぐらいしてから、前《まえ》よ

りもっと苦《くる》しがりだしました。

「トシ、トシ……」

わたしたちには、ただそう呼《よ》ぶことしかできません。

そのうち、トシオ君《くん》の声《こえ》がだんだん小《ちい》さくなっていきました。

そして最後《さいご》に、か細《ぼそ》い声《こえ》で「母《かあ》ちゃん、母《かあ》ちゃん」と2度《ど》呼《よ》んだあと、声《こえ》がしなくなりました。

トシオ君《くん》が亡《な》くなってから、しばらくたったある日《ひ》、復員軍人《ふくいんぐんじん》から、「腐《くさ》ったものを食《た》べたり、お腹《なか》が痛《いた》くなったりしたら、消《け》し炭《ずみ》を食《た》べるといいよ、消《け》し炭《ずみ》は毒消《どくけ》しになるんだよ」と教《おし》えてもらいました。

その後《ご》、金庫《きんこ》で火《ひ》を燃《も》やしたあとの消《け》

し炭《ずみ》をかじって、お互《たが》いにその黒《くろ》い顔《かお》を見《み》て大笑《おおわら》いしました。

「東京《とうきょう》へ行《い》かへんか」

ヨシオ君《くん》から誘《さそ》われました。

「東京《とうきょう》？」

わたしは東京《とうきょう》がどこにあるのかさえわからなかったのですが、ヨシオ君《くん》と東京《とうきょう》へ行《い》くことにしました。いよいよ神戸《こうべ》を離《はな》れる日《ひ》、仲間《なかま》たちと暮《く》らした金庫《きんこ》と、あの防空壕《ぼうくうごう》へ行《い》ってみました。

金庫《きんこ》にはもう誰《だれ》もいません。防空壕《ぼうくうごう》は1年半《ねんはん》もたっているのに、あの日《ひ》崩《くず》れ落《お》ちたままでした。

母《かあ》ちゃんや、シロはどんなに苦《くる》しかったやろう。中《なか》に埋《う》まってしまった人《ひと》は、どないなっているんやろ……。

わたしは固《かた》くなっている土《つち》を、両手《りょうて》で掘《ほ》り返《かえ》しました。こぼれ落《お》ちた涙《なみだ》でぬれた土《つち》を、ひとつかみ上着《うわぎ》のポケットに入《い》れ、ふるさと神戸《こうべ》に別《わか》れを告《つ》げました。

　ヨシオ君《くん》とふたりで東京《とうきょう》に来《き》てから、上野駅《うえのえき》の地下道《ちかどう》や上野公園《うえのこうえん》、浅草《あさくさ》をねぐらにして、神戸《こうべ》にいたときと同《おな》じように浮浪児生活《ふろうじせいかつ》を始《はじ》めました。

　神戸《こうべ》と違《ちが》って東京《とうきょう》には、浮浪児《ふろうじ》が大勢《おおぜい》いたのでびっくりしました。年上《としうえ》の浮浪《ふろう》児《じ》から、あれしろ、これしろと、こき使《つか》われました。夜《よる》は地下道《ちかどう》の冷《つめ》たいコンクリートの上《うえ》でごろ寝《ね》です。

　1か月《げつ》ほどして、わたしが高熱《こうねつ》を出《だ》して寝込《ねこ》んだとき、ヨシオ君《くん》がいろいろめんどうをみてくれました。しかし、わた

しの体調《たいちょう》が回復《かいふく》したころ、ヨシオ君《くん》は突《とつ》然《ぜん》姿《すがた》を消《け》してしまいました。

このころ、街中《まちなか》を放浪《ほうろう》している戦争孤《せんそうこ》児《じ》たちを一時的《いちじてき》に収容《しゅうよう》する「浮浪児収容《ふろうじしゅうよう》所《じょ》」のような施設《しせつ》ができて、「狩《か》り込《こ》み」が始《はじ》まりました。リヤカーや、オート三輪《さんりん》に無理《むり》やり乗《の》せられて、施設《しせつ》へ連《つ》れていかれるのです。

「おまえたちは野良犬《のらいぬ》で、街《まち》のゴミみたいなもんだ。オレたちは街《まち》のゴミ掃除《そうじ》をしているんだ！」

収容所《しゅうようじょ》に着《つ》くと、どんなに寒《さむ》い冬《ふゆ》でも、すぐハダカにして冷《つめ》たい水《みず》をかけられるのです。そのあと、逃《に》げないように、ハダカのまま「鉄格子《てつごうし》」の檻《おり》の中《なか》へ入《い》れられました。

わたしたち浮浪児《ふろうじ》は、野良犬《のらいぬ》から今度《こんど》はゴミになってしまったのです。

まわりの大人《おとな》たちは、戦争孤児《せんそうこじ》に対《たい》して本当《ほんとう》に冷《つめ》たかった――。

なぜ、戦争孤児《せんそうこじ》になったのか。どうして浮浪児《ふろうじ》として生《い》きなければならないのか。そう考《かんが》えてくれる大人《おとな》は、周囲《しゅうい》にひとりもいなかったのです。

「長野県《ながのけん》に孤児収容所《こじしゅうようじょ》ができるから行《い》かないか」と誘《さそ》われて、今度《こんど》は長野県松代町《ながのけんまつしろまち》へ行《い》くことになりました。

長野《ながの》へ行《い》く前日《ぜんじつ》、思《おも》いがけない人《ひと》がわたしを訪《たず》ねてきました。トマトを抱《かか》え、ジープにひかれて死《し》んだアキラ君《くん》のお父《とう》さんです。

わたしはジープの悲《かな》しい事故《じこ》のことを、お父《とう》さんに話《はな》しました。そして最後《さいご》に、「父《とう》ちゃん、きっと帰《かえ》ってくる。オレを探《さが》してくれる」とアキラ君《くん》がいっていたことを話《はな》しました。お父《とう》さんは涙《なみだ》を流《なが》し、声《こえ》をあげて泣《な》きました。

去年《きょねん》の秋《あき》に戦地《せんち》から復員《ふくいん》してきたお父《とう》さんは、空襲《くうしゅう》でたったひとり生《い》き残《のこ》った息子《むすこ》のアキラ君《くん》を何《なん》か月《げつ》もかけて必死《ひっし》に探《さが》していたのです。

長野《ながの》県《けん》の施設《しせつ》「少年《しょうねん》の家《いえ》」に来《き》てしばらくして、わたしたちを地元《じもと》の学校《がっこう》へ通《かよ》わせるという話《はなし》がもちあがりました。ところが、町《まち》の人《ひと》たちが大反対《だいはんたい》。

「野良犬《のらいぬ》を学校《がっこう》へ入《い》れるな！」
「浮浪児《ふろうじ》を学校《がっこう》へ入《い》れるな！」
「あんなバイキンの塊《かたまり》といっしょでは、地元《じもと》の子《こ》どもがダメになる」

普通《ふつう》の家庭《かてい》の子《こ》どもなら、なんの問題《もんだい》や抵抗《ていこう》もなく入学《にゅうがく》できるのに、戦争孤児《せんそうこじ》であるために、大《おお》きな壁《かべ》が立《た》ちはだかっていたのです。

わたしは、神戸《こうべ》大空襲《だいくうしゅう》以来《いらい》、3年間《ねんかん》学《がっ》校《こう》へ行《い》っていませんでした。ほかの仲間《なかま》もみな同《おな》じです。孤児《こじ》たちにとって夢《ゆめ》のようなことがようやく実現《じつげん》し、やっと学《がっ》校《こう》へ通《かよ》えるようになりました。

「おーい、学校《がっこう》へ行《い》けるぞー」

地元《じもと》の小学校《しょうがっこう》の門《もん》をくぐり、教室《きょうしつ》に入《はい》ろうとしました。ところがわたしたちの教室《きょうしつ》がありません。連《つ》れていかれたところは、なんと物置《ものおき》を整理《せいり》した特別教室《とくべつきょうしつ》でした。わたしたち孤児《こじ》は隔離《かくり》されたのです。黒板《こくばん》には子《こ》どもたちがいたずらしたのでしょう、大《おお》きな字《じ》で「浮浪児《ふろうじ》　犬小《いぬご》屋《や》」と書《か》いてありました。

胸《むね》をはずませて学校《がっこう》の門《もん》をくぐったものの、わたしたち戦争孤児《せんそうこじ》を温《あたた》かく迎《むか》えてくれる人《ひと》は、教師《きょうし》をはじめ、誰《だれ》ひとり

いなかったのです。
やっと学校《がっこう》に通《かよ》えるようになったものの、それからがさらに大変《たいへん》でした。3年《ねん》生《せい》でも自分《じぶん》の名前《なまえ》が書《か》けない。5年生《ねんせい》になっても九九《くく》がいえない。ますます町《まち》の子《こ》どもたちからバカにされます。
これではいけない。やっと開《ひら》いた学校《がっこう》の門《もん》を自分《じぶん》たちの手《て》で閉《と》じることはしたくない。その日《ひ》から毎日夕食後《まいにちゆうしょくご》、3時間《じかん》ずつ勉強《べんきょう》に励《はげ》みました。
でも、毎日《まいにち》3時間《じかん》の勉強《べんきょう》は非常《ひじょう》にきつかったのです。誰《だれ》も教《おし》えてくれる人《ひと》はいません。自分《じぶん》たちで、読《よ》む、書《か》く、暗記《あんき》する。これだけを、繰《く》り返《かえ》し繰《く》り返《かえ》し勉《べん》強《きょう》し、徐々《じょじょ》に徐々《じょじょ》に力《ちから》をつけ、やがて、町《まち》の子《こ》どもたちと対等《たいとう》に競《きそ》い合《あ》えるようになりました。

夜《よる》、勉強中《べんきょうちゅう》に眠《ねむ》くなると、外《そと》に出《で》て手《て》をつなぎ、星《ほし》を眺《なが》めながら大声《おおごえ》で「鐘《かね》の鳴《な》る丘《おか》」を歌《うた》って励《はげ》まし合《あ》いました。

緑《みどり》の丘《おか》の赤《あか》い屋根《やね》
とんがり帽子《ぼうし》の時計台《とけいだい》
鐘《かね》が鳴《な》りますキンコンカン
メーメー子《こ》やぎもないてます
風《かぜ》がそよそよ丘《おか》の家《いえ》
黄色《きいろ》いお窓《まど》はおいらの家《いえ》よ

夏休《なつやす》みには、町《まち》のはずれを流《なが》れる千曲《ちくま》川《がわ》へ泳《およ》ぎに行《い》きました。川岸《かわぎし》には、大《おお》きなポプラの木《き》が何本《なんぼん》も立《た》っていて、どの枝《えだ》もみな堂々《どうどう》と大空《おおぞら》に向《む》かって伸《の》びています。わたしも、このポプラの木《き》のように下《した》を見《み》ないで堂々《どうどう》と生《い》きていきたい。

そう青《あお》い大空《おおぞら》を見上《みあ》げながら思《おも》いました。

「ひとりでも生《い》きていける！」

ポプラの木《き》から、そんな勇気《ゆうき》をもらったような気《き》がしました。

近《ちか》くのお寺《てら》の和尚《おしょう》さんからは、ハーモニカをもらいました。

一生懸命練習《いっしょうけんめいれんしゅう》をして、やっと「浜千《はまち》鳥《どり》」の曲《きょく》が吹《ふ》けるようになりました。この曲《きょく》は、神戸大空襲《こうべだいくうしゅう》で亡《な》くなった母《はは》が、いつも口《くち》ずさんでいた曲《きょく》です。わたしは、母《はは》の形見《かたみ》のようなものは、何《なに》ひとつ持《も》っていません。写真《しゃしん》すら一枚《いちまい》もありません。この曲《きょく》だけが母《はは》とわたしをつなぐ、たったひとつの絆《きずな》なのです。

「少年《しょうねん》の家《いえ》」の寮母《りょうぼ》さんが、わたしの吹《ふ》くハーモニカに合《あ》わせて上手《じょうず》に歌《うた》ってくれました。

青《あお》い月夜《つきよ》の浜辺《はまべ》には
親《おや》を探《さが》して鳴《な》く鳥《とり》が
波《なみ》の国《くに》から生《う》まれ出《で》る

濡《ぬ》れたつばさの銀《ぎん》の色《いろ》
夜《よる》鳴《な》く鳥《とり》の悲《かな》しさは
親《おや》をたずねて海《うみ》こえて
月《つき》夜《よ》の国《くに》へ消《き》えてゆく
銀《ぎん》のつばさの浜《はま》千《ち》鳥《どり》

「少年《しょうねん》の家《いえ》」で中学《ちゅうがく》を卒業《そつぎょう》したあと、わたしは、「夜学《やがく》に通《かよ》いたい」という希望《きぼう》を胸《むね》に東京《とうきょう》で就職《しゅうしょく》しました。しかし、就《しゅう》職先《しょくさき》では、一日《いちにち》12時間《じかん》以上《いじょう》も働《はたら》かされて、夜学《やがく》に通《かよ》わせるという約束《やくそく》は実現《じつげん》されませんでした。

わたしは、米屋《こめや》、うどん屋《や》などの飲食《いんしょく》店《てん》を転々《てんてん》としたのち、神田《かんだ》の本屋《ほんや》に住《す》み込《こ》み、そこから、やっと定時制高校《ていじせいこうこう》に入《にゅう》学《がく》できました。19歳《さい》のときです。

長野《ながの》の同級生《どうきゅうせい》たちは、すでに高校《こうこう》を卒業《そつぎょう》していました。

定時制高校《ていじせいこうこう》へ通《かよ》い始《はじ》めたころの1か月《げつ》の給料《きゅうりょう》は、どんなにがんばっても7000円《えん》くらいにしかならず、満足《まんぞく》に食事《しょくじ》もできません。教科書《きょうかしょ》も買《か》えず、国語《こくご》の先生《せんせい》から「早《はや》く教科書《きょうかしょ》を買《か》ってこい！」と授業《じゅぎょう》のたびにいわれました。

わたしは、友《とも》だちから教科書《きょうかしょ》を借《か》り、3《み》晩《ばん》徹夜《てつや》でノートに書《か》き写《うつ》し、手作《てづく》り教科書《きょうかしょ》で授業《じゅぎょう》を受《う》けました。昼間《ひるま》は労働者《ろうどうしゃ》、夜《よる》は高校生《こうこうせい》の生活《せいかつ》です。

定時制高校《ていじせいこうこう》を卒業《そつぎょう》してからは夜間《やかん》の大学《だいがく》に進《すす》み、27歳《さい》で中学校《ちゅうがっこう》の教師《きょうし》になりました。

戦争《せんそう》に両親《りょうしん》を奪《うば》われ、たったひとりに

なった10歳《さい》から、27歳《さい》で教師《きょうし》になるまでの17年間《ねんかん》、「生《い》きていてよかった」と思《おも》えた日《ひ》は一日《いちにち》もありませんでした。

何《なに》より辛《つら》かったのは、自分《じぶん》には「帰《かえ》る故郷《こきょう》がない、支《ささ》えてくれる家族《かぞく》がいない、たったひとり」という孤独感《こどくかん》でした。

11歳《さい》で、悲《かな》しみと恨《うら》みしかない故郷《こきょう》神《こう》戸《べ》を捨《す》てて60年《ねん》、わたしは故郷《こきょう》へ一度《いちど》も帰《かえ》っていません。帰《かえ》りたいと思《おも》わないのです。

ふるさとがないということは、とても寂《さび》しいことです。

日本人《にほんじん》がよく歌《うた》う、「故郷《ふるさと》」の歌《うた》を、わたしは素直《すなお》な気持《きも》ちで歌《うた》えないのです。「忘《わす》れがたき故郷《ふるさと》」ではなく「忘《わす》れてしまいたい故郷《ふるさと》」なのです。

何度《なんど》も「死《し》」を考《かんが》えながら、それでも「とことん生《い》きてやる」という気持《きも》ちにさせてくれたのは、わたしが巡《めぐ》り合《あ》い、そして散《ち》っていった孤児《こじ》の仲間《なかま》や、空襲《くうしゅう》で焼《や》き殺《ころ》された父親《ちちおや》への思《おも》いです。

そして、自分《じぶん》を犠牲《ぎせい》にしてわたしを守《まも》り、生《い》き埋《う》めになったままの母親《ははおや》の無念《むねん》な思《おも》いに対《たい》し、「母《かあ》ちゃん、ここまで生《い》きてきたよ」と、自分《じぶん》が生《い》きた証《あかし》を残《のこ》したかったからなのです。

わたしはその「見《み》えない母《はは》」に支《ささ》えられて生《い》きてきました。

ありがとう、お母《かあ》さん！

あなたの子《こ》どもはここまで生《い》きてきました。

あなたは、今《いま》どこにいますか？

人《ひと》は亡《な》くなると天国《てんごく》へ行《い》くといいますが、わたしには、あの防空壕《ぼうくうごう》が天国《てんごく》につながっているとは思《おも》えません。

まだ防空壕《ぼうくうごう》の中《なか》ですか？　お母《かあ》さん！

プールで九死《きゅうし》に一生《いっしょう》を得《え》る

高橋喜美子《たかはしきみこ》（終戦時《しゅうせんじ》12歳《さい》）

１９４５年《ねん》３月《がつ》10日《とおか》、あの夜《よる》、空襲警報《くうしゅうけいほう》のサイレンで、母《はは》は12歳《さい》だったわたしと６歳《さい》と３歳《さい》のふたりの妹《いもうと》を連《つ》れて、家《いえ》の前《まえ》に掘《ほ》られた防空壕《ぼうくうごう》に避難《ひなん》しました。

「このままでは死《し》んでしまう、逃《に》げるんだ！」

外《そと》からの声《こえ》で誰《だれ》かが防空壕《ぼうくうごう》のふたを開《あ》けると、外《そと》はすでに火《ひ》の海《うみ》――。暗《くら》かった夜空《よぞら》に真《ま》っ赤《か》な炎《ほのお》がまぶしいほどでした。そのとき、公園《こうえん》から逃《に》げてきた知人《ちじん》が「公園《こうえん》はすでにいっぱいで避難《ひなん》できない」といったので、次《つぎ》の避難場所《ひなんばしょ》として東川小学校《とうせんしょうがっこう》へ向《む》かいました。

ところが、人《ひと》、人《ひと》、人《ひと》。先《さき》を争《あらそ》って人《ひと》が逃《に》げます。その頭上《ずじょう》に敵機《てっき》が容赦《ようしゃ》なく焼夷弾《しょういだん》を落《お》とします。渦巻《うずま》く強風《きょうふう》の中《なか》、わたしはここで母《はは》を見失《みうしな》ってしまったのです。

泣《な》いている余裕《よゆう》などありませんでした。避難《ひなん》する人《ひと》たちのあとを追《お》って入《はい》ったのは、学校《がっこう》の講堂《こうどう》でした。鉄筋《てっきん》コンクリートの建物《たてもの》は安全《あんぜん》だと信《しん》じて集《あつ》まった人《ひと》たち。

それは本当《ほんとう》にたくさんの人《ひと》たちでした。そのうえ、みんなが大《おお》きな荷物《にもつ》を持《も》ち込《こ》んでいたのです。この荷物《にもつ》が、人々《ひとびと》を焼《や》き尽《つ》くす火種《ひだね》になろうとは誰《だれ》が想像《そうぞう》できたでしょう。

まもなく激《はげ》しい物音《ものおと》とともに南側《みなみがわ》の窓《まど》ガラスが割《わ》れ、火《ひ》が勢《いきお》いよく入《はい》ってきました。建物《たてもの》の中《なか》の人《ひと》たちを舐《な》めるように猛火《もうか》が襲《おそ》いかかってきたのです。

「もう、だめだ」

そばにいたおばあさんは、持《も》っていた位牌《いはい》を取《と》り出《だ》し、お経《きょう》を唱《とな》え始《はじ》めました。

講堂《こうどう》の中《なか》の人《ひと》たちは外《そと》に出《で》ようといっせいに校庭側《こうていがわ》の扉近《とびらちか》くに殺到《さっとう》しましたが、扉《とびら》は開《ひら》きません。やっと少《すこ》しだけ開《ひら》

いた扉《とびら》から出《で》ようと、人《ひと》を押《お》しのけるように大勢《おおぜい》の人《ひと》が押《お》し寄《よ》せ、わたしは押《お》し出《だ》されるように校庭《こうてい》に出《で》ました。

校庭《こうてい》に出《で》たものの、強風《きょうふう》と火《ひ》の塊《かたまり》が舞《ま》う中《なか》で、とても立《た》っていられる状態《じょうたい》ではなく、人《ひと》の流《なが》れに押《お》されるように校庭《こうてい》の真《ま》ん中《なか》あたりでうつぶせになりました。払《はら》っても払《はら》っても降《ふ》ってくる火《ひ》の塊《かたまり》で、わたしの足首《あしくび》が焼《や》けました。

そのうち、わたしの服《ふく》にも火《ひ》が付《つ》き、燃《も》え始《はじ》めました。子《こ》ども心《ごころ》にも死《し》を覚悟《かくご》したわたしは、父《ちち》や母《はは》、先生《せんせい》にも「さようなら」を繰《く》り返《かえ》しました。

そのときです。

男《おとこ》の人《ひと》がいきなりわたしの手《て》を引《ひ》いてプールに連《つ》れていってくれたのです。

まさに一瞬《いっしゅん》の出来事《できごと》でした。見《み》も知《し》らぬ人《ひと》の助《たす》けにより、わたしは九死《きゅうし》に一生《いっしょう》を得《え》たのです。プールの中《なか》で悪夢《あくむ》の一夜《いちや》が明《あ》け、どのくらい水《みず》につかっていたのか。プールから上《あ》がって目《め》にしたものは、性別《せいべつ》すらわからない死体《したい》でした。足元《あしもと》のそこにもここにも、泥人形《どろにんぎょう》のような死体《したい》があふれていました。

たくさんの人《ひと》が右往左往《うおうさおう》する中《なか》で、わたしは父《ちち》と兄《あに》に会《あ》うことができました。しかし、逃《に》げる途中《とちゅう》はぐれた母《はは》とふたりの妹《いもうと》には、会《あ》うことができません。助《たす》かっていたら必《かなら》ず家《いえ》の焼《や》け跡《あと》に帰《かえ》ってくるはずだと信《しん》じて、母《はは》たちを待《ま》ち続《つづ》けました。

その夜《よる》は、近《ちか》くのガラス工場《こうじょう》で、かろうじて残《のこ》っていたレンガやトタンで囲《かこ》って夜《よ》を明《あ》かしました。しかし、母《はは》とふたりの妹《いもうと》はとうとう帰《かえ》ってこなかったのです。

父《ちち》と兄《あに》とわたしの３人《にん》は、遠《とお》い親戚《しんせき》にお世話《せわ》になることになりました。父《ちち》はやけどがひどく、心労《しんろう》も重《かさ》なってか母《はは》の後《あと》を追《お》うように、あの夜《よる》から45日目《にちめ》に亡《な》くなりました。母《はは》と妹《いもうと》たちに続《つづ》いて父親《ちちおや》までも失《うしな》ったわたしは、どうしてもその事実《じじつ》を信《しん》じられません。空襲《くうしゅう》の夜《よる》、はぐれてしまった母《はは》と妹《いもうと》は、「きっとどこかで生《い》きている」と思《おも》い続《つづ》けていました。

外《そと》を歩《ある》いていても、電車《でんしゃ》に乗《の》っても母《はは》の姿《すがた》を追《お》ったものでした。後《うし》ろ姿《すがた》のよく似《に》た人《ひと》を見《み》かけると走《はし》っていって顔《かお》をのぞきこみました。何度《なんど》も繰《く》り返《かえ》してはがっかりし、親子連《おやこづ》れの楽《たの》しそうな姿《すがた》を見《み》ると涙《なみだ》が出《で》ました。

戦争《せんそう》が終《お》わってずいぶんたち、わたしは、お手伝《てつだ》いとして住《す》み込《こ》みで働《はたら》くようになりました。そのころは、1か月《げつ》に小《こ》遣《づか》いを200円《えん》もらい、お給料《きゅうりょう》はなかったのです。

　一日《いちにち》の仕事《しごと》が終《お》わり、家《いえ》じゅうの人《ひと》がみな入《はい》った最後《さいご》のお風呂《ふろ》に入《はい》るのですが、当時《とうじ》は、今《いま》のようにスイッチで自動《じどう》的《てき》に沸《わ》くのではなく、いちいち薪《まき》を燃《も》やして沸《わ》かさなくてはなりません。

　わたしが入《はい》るときは、もうぬるま湯《ゆ》なのです。どんなにぬるくても「薪《まき》を燃《も》やしてください」と頼《たの》めず、がまんをして入《はい》っていました。寒《さむ》くて出《で》るに出《で》られず、昼間《ひるま》の疲《つか》れからお風呂《ふろ》の中《なか》で眠《ねむ》ってしまい、ハッと気《き》がついてあわてて飛《と》び出《だ》したことが何度《なんど》もありました。

なーんだ、おまえなんか

柳田守男《やなぎだもりお》（終戦時《しゅうせんじ》4歳《さい》）

父方《ちちかた》の田舎《いなか》へ連《つ》れていかれたときのことです。その家《いえ》では、食事《しょくじ》も寝場所《ねばしょ》も差《さ》別《べつ》されました。そのうえ、心《こころ》ないいとこの暴言《ぼうげん》が今《いま》も心《こころ》から離《はな》れません。

「なーんだ、おまえなんか親《おや》がいなくて、おいらの親《おや》が育《そだ》ててやってるんじゃないか！」

どんなにくやしくても、いい返《かえ》すことはできないのです。

なりたくて孤児《こじ》になる奴《やつ》がどこにいる！

セーター30円《えん》で買《か》ってやるよ

米川《よねかわ》　琴《こと》（終戦時《しゅうせんじ》9歳《さい》）

「ねえちゃん、いいセーター着《き》てるじゃないか。30円《えん》で買《か》ってやるよ。お腹《なか》すいているんだろう」

わたしがセーターを脱《ぬ》いで渡《わた》すと、おじさんは30円《えん》くれました。

どこにも行《い》くあてがなく、ひとりぼっちのわたしは上野駅《うえのえき》に行《い》ってみました。お腹《なか》がすいたので、セーターを売《う》ったお金《かね》でパンを買《か》ったとたん浮浪児《ふろうじ》が出《で》てきて、買《か》ったばかりのパンを盗《と》って逃《に》げていきました。

わたしは、思《おも》わず泣《な》き出《だ》しました。

雪《ゆき》の夜《よる》に冷《つめ》たい水《みず》をかけられて

吉田由美子《よしだゆみこ》（終戦時《しゅうせんじ》3歳《さい》）

わたしの七五三《しちごさん》を祝《いわ》ってくれたあと、両親《りょうしん》は親戚《しんせき》に写真《しゃしん》を送《おく》り、その写真《しゃしん》が、今《いま》、宝物《たからもの》としてわたしの手元《てもと》にあります。あの3月10日《がつとおか》の大空襲《だいくうしゅう》の夜《よる》、わたしは、たまたま、近《ちか》くの母《はは》の実家《じっか》に泊《と》まりに行《い》っていたため、叔母《おば》におんぶされ猛《もう》火《か》の中《なか》を逃《に》げて助《たす》かりました。

しかし、父《ちち》と母《はは》と、たったひとりの妹《いもうと》（生後《せいご》3か月《げつ》）の3人《にん》は、とうとう「帰《かえ》らぬ人《ひと》」となってしまいました。

ひとりぼっちになったわたしは、当時《とうじ》

3歳《さい》。両親《りょうしん》が死《し》んだことすらわからないまま、まず母《はは》の実家《じっか》に引《ひ》き取《と》られ、昭和《しょうわ》22年《ねん》8月《がつ》ごろ、母方《ははかた》の祖父《そふ》と叔母《おば》に連《つ》れられて、父《ちち》の郷里《きょうり》の新潟《にいがた》に行《い》きました。今度《こんど》は父《ちち》の実家《じっか》に預《あず》けられることになったのです。

このとき、父方《ちちかた》から母方《ははかた》へ「3つの条件《じょうけん》」が出《だ》されました。

1「今後《こんご》いっさい、この子《こ》と会《あ》わないこと」

2「手紙《てがみ》、電話《でんわ》などいっさい連絡《れんらく》をよこさないこと」

3「どんな育《そだ》て方《かた》をしてもいっさい文句《もんく》をいわないこと」

そのあと、6か月《げつ》が過《す》ぎたころ、父《ちち》の実家《じっか》からこんどは、同《おな》じ新潟《にいがた》の伯母《おば》（父《ちち》の姉《あね》）の家《いえ》に連《つ》れていかれました。

新潟《にいがた》の伯母《おば》の家《いえ》にいたときのこと。わたしはお腹《なか》をこわして、おもらしをしてしまいました。伯母《おば》は怒《おこ》って、雪《ゆき》の降《ふ》っている夜《よる》、わたしを外《そと》に連《つ》れ出《だ》し、氷《こおり》の張《は》っているバケツの冷《つめ》たい水《みず》をわたしの体《からだ》にかけるのです。寒《さむ》いのと、冷《つめ》たいのと、お腹《なか》が痛《いた》いのをがまんして、「伯《お》母《ば》さん、ごめんなさい、ごめんなさい」と謝《あやま》るしかなかったのです。わたしが6歳《さい》のときでした。

「おまえも、親《おや》といっしょに死《し》んでくれればよかったのに……」と伯母《おば》にいわれました。

この言葉《ことば》で、はじめて「両親《りょうしん》の死《し》」を知《し》りました。それまで両親《りょうしん》は生《い》きていて、いつかわたしを迎《むか》えにきてくれると思《おも》っていたのです。

孤児《こじ》の運命《うんめい》

村田温子《むらたはるこ》（終戦時《しゅうせんじ》12歳《さい》）

田舎《いなか》の親戚《しんせき》の家《いえ》にいたときのことです。

伯父《おじ》がわたしに結婚話《けっこんばなし》をもってきました。

相手《あいて》は、伯父《おじ》の親友《しんゆう》の息子《むすこ》さんとのことでした。わたしは、まだ結婚《けっこん》する気持《きも》ちになれず、その思《おも》いを伯父《おじ》に伝《つた》えたところ、伯父《おじ》は逆上《ぎゃくじょう》して、「育《そだ》ててもらっていながら、オレのいうことが聞《き》けないのか！」といいながら、わたしに殴《なぐ》りかかってきました。倒《たお》れてもさらに暴力《ぼうりょく》は続《つづ》き、わたしは必死《ひっし》で隣《となり》の家《いえ》に逃《に》げ込《こ》みました。

「もう、あの家《いえ》には帰《かえ》りたくない」

わたしは夢中《むちゅう》で駅《えき》に向《む》かいました。

「近《ちか》くの駅《えき》だと探《さが》しにくるから、ひとつ先《さき》の駅《えき》まで行《い》こう！」

隣《となり》のおじさんがいっしょに走《はし》ってくれました。

馬小屋《うまごや》で寝《ね》る弟《おとうと》

児島《こじま》　武《たけし》（終戦時《しゅうせんじ》11歳《さい》）

わたしは、長野《ながの》にいた6年生《ねんせい》の終《お》わりごろ、隣村《となりむら》へ養子《ようし》としてもらわれていきました。そこには2歳年上《さいとしうえ》の女《おんな》の子《こ》と、わたしと同《おな》じ年《とし》の女《おんな》の子《こ》がいました。

養子《ようし》といっても籍《せき》が入《はい》らない居候《いそうろう》です。その家《いえ》の女《おんな》の子《こ》は食《た》べ放題《ほうだい》なのに、わたしが2杯目《はいめ》のお茶《ちゃ》わんをそっと出《だ》すと、「お茶《ちゃ》か？　水《みず》か？」といわれ、仕方《しかた》なく「お水《みず》……」という情《なさ》けなさ。

その繰《く》り返《かえ》しで、実《じつ》の子《こ》との差別《さべつ》に泣《な》きました。

弟《おとうと》はわたしよりひどい生活《せいかつ》で、体《からだ》がうずくほど働《はたら》かされていました。

「毎夜《まいよ》、馬小屋《うまごや》で馬《うま》といっしょに泣《な》きながら寝《ね》ている。兄《にい》さん、東京《とうきょう》でボクが働《はたら》けるところを探《さが》してください」と弟《おとうと》から何通《なんつう》も手紙《てがみ》がきました。当時《とうじ》のわたしは、東京《とうきょう》に戻《もど》っていたものの奴隷《どれい》のような毎日《まいにち》で、弟《おとうと》にどうしてやることもできなかったのです。その後《ご》、弟《おとうと》は家出《いえで》をして行方《ゆくえ》がわからなくなりました。

7歳《さい》だった妹《いもうと》も、おそらくわたしや弟《おとうと》と同《おな》じような扱《あつか》いを受《う》けたと思《おも》うのです。親戚《しんせき》からじゃまにされ、いづらくなった妹《いもうと》は、黙《だま》って親戚《しんせき》の家《いえ》を出《で》てしまいました。お金《かね》のない幼《おさな》い女《おんな》の子《こ》が、その後《ご》、どうなったのか……。今《いま》も妹《いもうと》の行方《ゆくえ》はわからないままです。

1本《ぽん》のサツマイモを分《わ》け、命《いのち》をつなぐ

金子《かねこ》トミ　（終戦時《しゅうせんじ》15歳《さい》）

わたしは、東京都城東区《とうきょうとじょうとうく》で生《う》まれました。今《いま》の江東区《こうとうく》です。城東区北砂町《じょうとうくきたすなまち》で、父《ちち》は、会社勤《かいしゃづと》めのサラリーマンでした。家族《かぞく》は、両親《りょうしん》と、きょうだいは、わたしがいちばん上《うえ》で、弟《おとうと》がひとり、妹《いもうと》がふたりの4人《にん》きょうだいです。

いちばん下《した》の妹《いもうと》が、まだ赤《あか》ちゃんで、学校《がっこう》から帰《かえ》ると毎日《まいにち》、ご飯《はん》の支度《したく》や妹《いもうと》の子守《こもり》など、すすんで母《はは》のお手伝《てつだ》いをしました。このころは、まだ戦争《せんそう》も激《はげ》しくなく、とても静《しず》かな日々《ひび》でした。

「ゴカイ」という生《い》き物《もの》を知《し》っていますか？　漢字《かんじ》では「沙蚕《ごかい》」と書《か》きます。魚《さかな》釣《つ》りのえさに使《つか》うのです。浅海《あさうみ》の砂《すな》や泥《どろ》の中《なか》にすみ、ミミズのように細長《ほそなが》く全長《ぜんちょう》8〜10センチぐらいで、両側《りょうがわ》に小《ちい》さな足《あし》が生《は》えています。

　わたしの母《はは》は、漁船《ぎょせん》の持《も》ち主《ぬし》から「ゴカイ採《と》り」を頼《たの》まれて、引《ひ》き潮《しお》になると、近《ちか》くの荒川《あらかわ》へ行《い》って熊手《くまで》でゴカイを採《と》りました。海《うみ》にも近《ちか》かったので、小石《こいし》や貝殻《かいがら》が落《お》ちている、やや泥《どろ》っぽい砂地《すなち》の石《いし》をひっくり返《かえ》すと見《み》つかるのです。わたしも母《はは》のお手伝《てつだ》いで、いっしょに「ゴカイ採《と》り」をしました。

　船主《ふなぬし》のおじさんは、長《なが》いゴム靴《ぐつ》をはいていて、ゴカイ採《と》りがとっても上手《じょうず》でした。

1944年《ねん》、母《はは》の郷里《きょうり》の山形県真室川《やまがたけんまむろがわ》へ家族《かぞく》で疎開《そかい》をしました。
しかし、その翌年《よくねん》の8月《がつ》10日《とおか》、疎開先《そかいさき》のすぐ裏《うら》に焼夷弾《しょういだん》が落《お》ちて、母《はは》と妹《いもうと》のひとりは焼夷弾《しょういだん》の破片《はへん》を全身《ぜんしん》に浴《あ》び、病院《びょういん》に運《はこ》ばれました。そして終戦《しゅうせん》の前日《ぜんじつ》、8月《がつ》14日《か》に亡《な》くなり、同《おな》じく破片《はへん》を浴《あ》びていた父《ちち》も数日後《すうじつご》、あとを追《お》うように亡《な》くなってしまったのです。
わたしの家族《かぞく》は、東京《とうきょう》の空襲《くうしゅう》から逃《のが》れるために、山形《やまがた》へ疎開《そかい》をしたのですが、疎開先《そかいさき》の空襲《くうしゅう》で死《し》んでしまったのです。

残《のこ》されたのは、15歳《さい》のわたしと、小学《しょうがく》4年生《ねんせい》の弟《おとうと》、2年生《ねんせい》の妹《いもうと》の3人《にん》です。両親《りょうしん》の死後《しご》、栃木県《とちぎけん》の父《ちち》の郷里《きょうり》へ行《い》くよう周囲《しゅうい》から勧《すす》められましたが、母《はは》でさえ交流《こうりゅう》がなかったのに、わたしたちを育《そだ》ててくれるはずがないと思《おも》い、東京行《とうきょうい》きを決《き》めました。東京《とうきょう》で、わたしが働《はたら》いて弟《おとうと》と妹《いもうと》を育《そだ》てようと思《おも》ったのです。

上京《じょうきょう》する朝《あさ》、近所《きんじょ》に住《す》んでいた叔父《おじ》が、たくさんのお金《かね》をくれました。わたしは、そのお金《かね》を下着《したぎ》の中《なか》に隠《かく》し、東京《とうきょう》に向《む》かいました。

やがて東京《とうきょう》で浮浪児《ふろうじ》となったとき、このお金《かね》のおかげで、サツマイモを買《か》って弟《おとうと》、妹《いもうと》に食《た》べさせることができたのです。

上野駅《うえのえき》に着《つ》いてびっくり、わたしは強《つよ》い衝撃《しょうげき》を受《う》けました。まず目《め》にしたのは見渡《みわた》す限《かぎ》りの焼《や》け野原《のはら》です。わたしたちは、3月10日《がつとおか》の東京大空襲《とうきょうだいくうしゅう》のことはまったく知《し》らなかったのです。

空襲《くうしゅう》で焼《や》き尽《つ》くされた東京《とうきょう》の街《まち》で、働《はたら》き口《ぐち》などあるはずがありません……。

その日《ひ》から、わたしたちきょうだいは、昼間《ひるま》は上野公園内《うえのこうえんない》をふらつき、夜《よる》は駅《えき》の地下道《ちかどう》でごろ寝《ね》をする、浮浪児《ふろうじ》となりました。

浮浪児《ふろうじ》の最大《さいだい》の恐怖《きょうふ》は「狩《か》り込《こ》み」でした。

お天気《てんき》のよい日《ひ》は外《そと》にいられるのでまだいいのですが、雨降《あめふ》りの昼間《ひるま》、駅《えき》の地《ち》下道《かどう》にいると、どうしても「狩《か》り込《こ》み」

に捕《つか》まってしまうのです。わたしは「狩《か》り込《こ》み」をとても恐《おそ》れていました。「捕《つか》まると鉄格子《てつごうし》の檻《おり》の中《なか》へ入《い》れられ水《みず》をかけられる」と聞《き》いていたからです。

仕方《しかた》なく雨降《あめふ》りの日《ひ》は、トイレに隠《かく》れていました。外《そと》から古《ふる》い板切《いたき》れを拾《ひろ》ってきて便器《べんき》の上《うえ》に渡《わた》し、雨《あめ》がやむまで3人《にん》でひとつのトイレの中《なか》にじっと潜《ひそ》んでいたのです。

一日《いちにち》の食事《しょくじ》は1本《ぽん》のサツマイモだけです。

山形《やまがた》から東京《とうきょう》に来《く》るとき、叔父《おじ》からもらったお金《かね》で、おイモ売《う》りのおばさんからサツマイモを1本買《ぽんか》って弟《おとうと》と妹《いもうと》に与《あた》え、わたしは食《た》べない日《ひ》もありました。3人《にん》で水《みず》だけ飲《の》んで過《す》ごした日《ひ》もありました。

夜《よる》になると、上野駅《うえのえき》の地下道《ちかどう》は、大勢《おおぜい》の孤児《こじ》たちでいっぱいになります。

食《た》べるものもなく、やせ細《ほそ》った子《こ》どもたちが、最後《さいご》にうめくような声《こえ》で、「母《かあ》ちゃん、母《かあ》ちゃん」と呼《よ》びながら、毎日《まいにち》のように死《し》んでいきました。

1945年《ねん》11月《がつ》ごろ、上野駅《うえのえき》の地下道《ちかどう》でサツマイモを売《う》っていたおばさんの紹《しょう》介《かい》で、山形県《やまがたけん》の農家《のうか》へお手伝《てつだ》いに行《い》きました。わたしは朝早《あさはや》くから夜遅《よるおそ》くまで、一日《いちにち》の休《やす》みもなく田《た》んぼや畑《はたけ》の仕事《しごと》をさせられました。

しかし、幼《おさな》い弟《おとうと》や妹《いもうと》は仕事《しごと》ができないため、陰《かげ》でいじめられていることをあとで知《し》りました。それからは、田《た》んぼや畑《はたけ》で仕事《しごと》をしていても、ふたりのことが頭《あたま》から離《はな》れないのです。

「姉《ねえ》ちゃん、この家《いえ》にいたくないよー」

日増《ひま》しにエスカレートするいじめに、耐《た》えられなくなった弟《おとうと》と妹《いもうと》は、泣《な》きながらわたしに訴《うった》えるのです。

翌朝《よくあさ》すきを見《み》て、1年《ねん》あまりいた農家《のうか》を逃《に》げ出《だ》しました。

お世話《せわ》になった農家《のうか》には申《もう》し訳《わけ》ないと思《おも》いましたが、弟《おとうと》、妹《いもうと》がかわいそうで、そのまま農家《のうか》に居続《いつづ》けることは、どうしてもできなかったのです。

逃《に》げはしたものの、どこにも行《い》くあてはないのです。夢中《むちゅう》で走《はし》っている途中《とちゅう》、大《おお》きな木《き》を見《み》つけました。

「そうだ、今夜《こんや》はこの木《き》の下《した》で寝《ね》よう」

その夜《よる》は、その大木《たいぼく》の根元《ねもと》の草《くさ》むらに隠《かく》れて3人《にん》で寝《ね》ることにしました。

誰《だれ》かに見《み》つかったらどうしよう……。

弟《おとうと》も妹《いもうと》も怖《こわ》がってわたしにしがみついて離《はな》れないのです。何《なに》も食《た》べるものがないまま、そこでふた晩《ばん》、野宿《のじゅく》をしました。

その後《ご》、3人《にん》で母方《ははかた》の親戚《しんせき》のところに行《い》こうと駅《えき》へ向《む》かいました。駅《えき》に着《つ》いて財布《さいふ》を開《あ》けてみると、電車賃《でんしゃちん》が足《た》りません！　しかし、このままここにいたら3人《にん》とも苦《くる》しんだ挙《あ》げ句《く》、餓死《がし》してしまいます。

仕方《しかた》なく、妹《いもうと》ひとりを母《はは》の郷里《きょうり》に向《む》かう電車《でんしゃ》に乗《の》せました。

「きっと、迎《むか》えに行《い》くからね……」

妹《いもうと》がかわいそうで、わたしは胸《むね》が張《は》り裂《さ》ける思《おも》いでした。

妹《いもうと》と別《わか》れたあと、父《ちち》の弟《おとうと》に迎《むか》えにきてもらったわたしと弟《おとうと》は栃木県《とちぎけん》の父方《ちちかた》の親戚《しんせき》のところに行《い》きました。最初《さいしょ》に勧《すす》められた親戚《しんせき》です。

するとわたしはすぐに女中奉公《じょちゅうぼうこう》に出《だ》され、弟《おとうと》は「人買《ひとか》い」に売《う》られてしまいました。「人買《ひとか》い」というのは、人間《にんげん》を商品《しょうひん》のように売《う》ったり買《か》ったりする人《ひと》のことです。

3人《にん》バラバラになったあと、わたしは、弟《おとうと》や妹《いもうと》のことが心配《しんぱい》で、山形《やまがた》の叔《お》父《じ》に何回《なんかい》も手紙《てがみ》を出《だ》しましたが、返事《へんじ》がありません。やっと連絡《れんらく》が取《と》れたのは、別《わか》れてから6年《ねん》あまりが過《す》ぎたころでした。わたしは、弟《おとうと》、妹《いもうと》に会《あ》いたい一心《いっしん》で、ふたりのいる田舎《いなか》へ、それぞれ訪《たず》ねていきました。

10歳《さい》で人買《ひとか》いに売《う》られた弟《おとうと》は、毎日《まいにち》、奴隷《どれい》のように働《はたら》かされました。11歳《さい》のころからは、木《き》の根《ね》を掘《ほ》り出《だ》し畑《はたけ》にする、山林《さんりん》を開墾《かいこん》する仕事《しごと》で、大人並《おとなな》みに重労働《じゅうろうどう》をさせられ、苦《くる》しい毎日《まいにち》を送《おく》っていました。

「奴隷《どれい》」というのは、他人《たにん》の支配《しはい》の下《もと》で、無理《むり》やり重労働《じゅうろうどう》をさせられ、人間《にんげん》としての権利《けんり》を認《みと》められず、自由《じゆう》を奪《うば》われるのです。

そのうえ、4年生《ねんせい》で両親《りょうしん》を亡《な》くして以来《いらい》、一日《いちにち》も学校《がっこう》へ通《かよ》わせてもらえず、弟《おとうと》はとうとう読《よ》み書《か》きのできないまま、大人《おとな》になってしまいました。

妹《いもうと》は、父母《ふぼ》に続《つづ》きわたしまでもいなくなるのでは……と、いつもそれだけを

恐《おそ》れていました。心細《こころぼそ》かったのでしょう。「姉《ねえ》ちゃん、どこにも行《い》かないで……」と、わたしにしがみついて離《はな》れなかったときがありました。

わたしたちと別《わか》れてからは、たったひとりで、山形《やまがた》の親戚《しんせき》や知人《ちじん》の家《いえ》を転々《てんてん》としていました。

幼《おさな》い妹《いもうと》には、ずいぶん辛《つら》い思《おも》いをさせてしまいました。よくがんばったと思《おも》います。

妹《いもうと》のいる田舎《いなか》へ訪《たず》ねていったとき、近所《きんじょ》の人《ひと》から「山《やま》で泣《な》いている妹《いもうと》さんの姿《すがた》を何度《なんど》も見《み》たよ」と聞《き》かされました。

周囲《しゅうい》に心《こころ》の中《なか》を打《う》ち明《あ》けられる人《ひと》はなく、たったひとりで苦《くる》しみに耐《た》えていた妹《いもうと》を思《おも》うと、今《いま》も胸《むね》が痛《いた》みます。

わたしは23歳《さい》で結婚《けっこん》しました。45年間《ねんかん》添《そ》い遂《と》げ、夫《おっと》は17年前《ねんまえ》に旅立《たびだ》ちました。とても優《やさ》しい人《ひと》でした。

でもわたしは、その優《やさ》しかった夫《おっと》に、浮浪児《ふろうじ》だった過去《かこ》を最後《さいご》まで打《う》ち明《あ》けることができませんでした。夫《おっと》の心変《こころが》わりが怖《こわ》かったのです。

「お父《とう》さん、ごめんなさい。結婚《けっこん》する前《まえ》、東京《とうきょう》の上野《うえの》で、浮浪児生活《ふろうじせいかつ》をしていた過去《かこ》を、とうとう隠《かく》し通《とお》して……」

呼吸《こきゅう》が止《と》まった瞬間《しゅんかん》、わぁっと泣《な》き伏《ふ》し、優《やさ》しかった夫《おっと》に謝《あやま》りました。

トラックで棄《す》てられた、わたし

山本麗子《やまもとれいこ》（終戦時《しゅうせんじ》9歳《さい》）

わたしの生《う》まれは、東京都品川区《とうきょうとしながわく》です。1945年《ねん》5月《がつ》24日《か》の空襲《くうしゅう》で、父《ちち》は焼《しょう》夷弾《いだん》の破片《はへん》を全身《ぜんしん》に浴《あ》び、10月《がつ》2日《ふつか》に亡《な》くなりました。当時《とうじ》、結核《けっかく》で寝込《ねこ》んでいた母《はは》も、11月《がつ》3日《みっか》に死亡《しぼう》しました。

両親《りょうしん》の死《し》により、兄《あに》、わたし、弟《おとうと》の3人《にん》は、離《はな》れ離《ばな》れに親戚《しんせき》に預《あず》けられ、わたしは静岡県西伊豆《しずおかけんにしいず》の叔母《おば》の家《いえ》に行《い》くことになりました。

9歳《さい》で孤児《こじ》になったわたしを待《ま》ち受《う》けていたのは、想像《そうぞう》を絶《ぜっ》する生活《せいかつ》でした。

叔母《おば》の家《いえ》では、毎日《まいにち》、山《やま》へ薪《たきぎ》ひろいに行《い》き、その薪《たきぎ》を背負《せお》って、一日何回《いちにちなんかい》も海岸《かいがん》まで運《はこ》ばされました。小学《しょうがく》3年生《ねんせい》だったのですが、学校《がっこう》には行《い》かせてもらえませんでした。

夜《よる》は海岸《かいがん》で、山《やま》からひろってきた薪《たきぎ》をひと晩中《ばんじゅう》燃《も》やし続《つづ》け、火《ひ》の番《ばん》をさせられました。海水《かいすい》から塩《しお》を採《と》るためです。

昼《ひる》は、山《やま》へ薪《たきぎ》ひろいに行《い》かされ、夜《よる》は海岸《かいがん》で火《ひ》の番《ばん》をさせられ、昼《ひる》も夜《よる》も働《はたら》かされました。9歳《さい》のわたしには、とっても辛《つら》い仕事《しごと》でした。

わたしが11歳《さい》のときだったでしょうか。ある日《ひ》、別《べつ》の親戚《しんせき》の家《いえ》に預《あず》けられていた弟《おとうと》が病気《びょうき》だとの知《し》らせを受《う》けました。叔母《おば》の家《いえ》から駆《か》けつけてみると、

弟《おとうと》は馬小屋《うまごや》に寝《ね》かされていました。

やせ細《ほそ》った体《からだ》で、うめくような声《こえ》で「お母《かあ》ちゃん、お母《かあ》ちゃん」といいながら、うどんのような回虫《かいちゅう》を吐《は》いて死《し》にました。

弟《おとうと》の死《し》んだ姿《すがた》を見《み》て、わたしは叔母《おば》の家《いえ》に戻《もど》る気《き》をなくしました。このまま叔母《おば》の家《いえ》にいたら、わたしも、弟《おとうと》と同《おな》じ惨《みじ》めな死《し》に方《かた》をするにちがいない。

わたしは東京《とうきょう》に向《む》かいました。線路伝《せんろづた》いに歩《ある》いて十数日《じゅうすうにち》かけて、やっと東京《とうきょう》の品川《しながわ》にたどりつきました。

……その間《あいだ》、空腹《くうふく》と夜露《よつゆ》をどうしのいだのか、どうしても思《おも》い出《だ》せないのです。

なんとか東京《とうきょう》に戻《もど》れたわたしは、上《うえ》野《の》駅《えき》に行《い》ってみました。

駅《えき》は焼《や》け残《のこ》ったものの、周囲《しゅうい》はまだ焼《や》け跡《あと》だらけで、あちこちにバラック小屋《こや》が建《た》っていました。わたしは、駅《えき》の地下道《ちかどう》へ行《い》ってみました。

裸電球《はだかでんきゅう》のついたトンネルの壁際《かべぎわ》に、子《こ》どもたちがびっしり座《すわ》っていました。

わたしは、どこへも行《い》くところがなく、その日《ひ》からその地下道《ちかどう》で、同《おな》じように浮浪児《ふろうじ》になるほかありませんでした。

昼間《ひるま》でもほとんど外《そと》に出《で》ず、うずくまって過《す》ごしました。夜《よる》も座《すわ》ったまま、防空《ぼうくう》ずきんをかぶって寝《ね》ました。

東京《とうきょう》で浮浪児《ふろうじ》となったわたしは、毎日《まいにち》をぼんやりと過《す》ごしていました。2日《ふつか》に1回《かい》、ボランティアのおばさんが配《くば》る、おにぎり1個《こ》で生《い》きていました。おにぎりを2個《こ》もらえたら、1個《こ》ずつ2日《ふつか》に分《わ》けて食《た》べる。……まわりの人《ひと》と話《はな》すこともない。「今日《きょう》はおばさん、おにぎりを持《も》ってきてくれるかな」と、それだけを待《ま》つ毎日《まいにち》でした。

日本《にっぽん》で、最《もっと》も多《おお》くの浮浪児《ふろうじ》が集《あつ》まった場所《ばしょ》は、その上野駅《うえのえき》だったと聞《き》きました。

上野《うえの》では「狩《か》り込《こ》み」に捕《つか》まりました。「狩《か》り込《こ》み」というのは、駅《えき》や公園《こうえん》、路上《ろじょう》などに群《む》れ集《あつ》まっている浮浪児《ふろうじ》たちを、捕《つか》まえて車《くるま》に乗《の》せ、孤児収容所《こじしゅうようじょ》などに連《つ》れていくことです。

おじさんたちは「いいところへ連《つ》れていってやる」といって、わたしたちを無《む》理《り》やりトラックに乗《の》せました。

わたしたち浮浪児《ふろうじ》を乗《の》せた車《くるま》は、東京《とうきょう》の街《まち》を走《はし》り抜《ぬ》けると田《た》んぼや畑《はたけ》が広《ひろ》がる田舎《いなか》のでこぼこ道《みち》を走《はし》っていきます。

「わたしたちをいったいどこへ連《つ》れていくのだろう」

しばらく田舎道《いなかみち》を走《はし》ったあとは、こんどは林《はやし》の中《なか》です。やがて車《くるま》は、薄暗《うすぐら》い森《もり》の中《なか》で止《と》まりました。そこで、わたしたちを車《くるま》から降《お》ろすと、逃《に》げるように走《はし》り去《さ》ったのです。

「いいところへ連《つ》れていってやる」といいながら、わたしたちをこんな山奥《やまおく》に棄《す》てにきたのです。

山奥《やまおく》へ棄《す》てられたわたしたちは、このまま、こんなところにいられません。みんなで声《こえ》をかけ合《あ》い力《ちから》を合《あ》わせながら、なんとか山《やま》を下《お》りることができました。あとで考《かんが》えると、棄《す》てられた場所《ばしょ》は、茨城県《いばらきけん》の土浦方面《つちうらほうめん》だったようです。

そしてまた上野《うえの》に戻《もど》り、駅《えき》の地下道《ちかどう》で暮《く》らしました。地下道《ちかどう》は雨露《あめつゆ》がしのげるからです。

上野駅《うえのえき》の地下道《ちかどう》で数年《すうねん》過《す》ごしたあと、わたしは親戚《しんせき》を頼《たよ》って茨城《いばらき》へ行《い》きました。

親戚《しんせき》の知《し》り合《あ》いがお寺《てら》だったので、お手伝《てつだ》いとしてお寺《てら》で生活《せいかつ》することができました。

お寺《てら》では、朝《あさ》5時《じ》と夕方《ゆうがた》5時《じ》に鐘《かね》をつきました。ご飯《はん》の支度《したく》、雨戸《あまど》の開《あ》け閉《し》めと小《こ》坊主《ぼうず》のような毎日《まいにち》です。ここでも学校《がっこう》には行《い》かせてもらえませんでした。
20歳《さい》になる少《すこ》し前《まえ》にお寺《てら》を出《で》て東京《とうきょう》に戻《もど》り、飯田橋《いいだばし》の料理店《りょうりてん》で働《はたら》くことになりました。

空襲《くうしゅう》のことは、今《いま》でも夢《ゆめ》に出《で》てきます。

そのつど怖《こわ》い思《おも》いをします。

別《わか》れた兄《あに》とは一度《いちど》も会《あ》えず、数年前《すうねんまえ》、亡《な》くなったと病院《びょういん》から連絡《れんらく》を受《う》けました。

今《いま》まで苦《くる》しく厳《きび》しいことばかりでした。よくここまで生《い》きてこられたと思《おも》います。

両親《りょうしん》の死後《しご》、とうとう学校《がっこう》には通《かよ》わせてもらえず、わたしの学校生活《がっこうせいかつ》は、小学《しょうがく》3年生《ねんせい》で終《お》わりました。

もしも魔法《まほう》が使《つか》えたら

もしも　魔法《まほう》が使《つか》えたら
御殿《ごてん》のような立派《りっぱ》な家《いえ》と
お付《つ》きのおねえさんが　そばにいて
どんな望《のぞ》みも叶《かな》えてくれる
そんな「お嬢様《じょうさま》」の世界《せかい》へ連《つ》れていってくれるかな？

……でも　わたしは
そんな立派《りっぱ》な家《いえ》に行《い》きたくない！

もしも　魔法《まほう》が使《つか》えたら
四畳半《よじょうはん》ひと間《ま》の家《いえ》でいい
どんな貧《まず》しい家《いえ》でもいい
父《とう》さん　母《かあ》さんがそばにいる
ふつうの家庭《かてい》に行《い》ってみたい！

「あのね　父《とう》ちゃん　母《かあ》ちゃん
話《はな》したいことがいっぱいたまっているの」
あったかい母《かあ》さんの胸《むね》に顔《かお》を埋《うず》めて
思《おも》いっきり話《はなし》がしたい

空襲《くうしゅう》で親《おや》を亡《な》くした子《こ》どもたちに
相談《そうだん》相手《あいて》はいなかった
まわりには　心《こころ》のうちを聞《き》いてくれる人《ひと》も
身《み》を案《あん》じてくれる人《ひと》もいなかった

もしも　魔法《まほう》が使《つか》えたら
魔法《まほう》のほうきに乗《の》って
あったかい母《かあ》さんのいる世界《せかい》へ
今《いま》すぐ飛《と》んでいきたい！
そして思《おも》いっきり話《はなし》がしたい
弟《おとうと》も　会《あ》いたがっているよ
いっしょに連《つ》れていくからね

【解説《かいせつ》】

野田正彰《のだまさあき》

星野光世《ほしのみつよ》さんは夫《おっと》を見送《みおく》った後《あと》、ふと色鉛筆《いろえんぴつ》をとって絵《え》を描《えが》き始《はじ》めた。樹《き》の葉《は》は水彩《すいさい》で色《いろ》を淡《あわ》くふくらませた。国民学校《こくみんがっこう》5年生《ねんせい》（11歳《さい》）で千葉県君津《ちばけんきみつ》に学童疎開《がくどうそかい》していたとき、少《すこ》しだけ絵《え》を描《か》いたことがあった。それが最後《さいご》。それから人生《じんせい》がまったく変《か》わり、東京大空襲《とうきょうだいくうしゅう》で父母《ふぼ》と兄妹《きょうだい》を喪《うしな》い、幼《おさな》い妹《いもうと》と弟《おとうと》を連《つ》れて孤児《こじ》となった。以来《いらい》、一度《いちど》も絵《え》を描《か》こうという気持《きも》ちになれなかった。それなのに、68年《ねん》ぶりに、生《い》き抜《ぬ》いた空襲後《くうしゅうご》の日々《ひび》を描《えが》きたくなったという。

3年《ねん》かかって描《えが》いた絵《え》に文章《ぶんしょう》を添《そ》え、私費《しひ》で100万円《まんえん》かけて500部《ぶ》を印刷《いんさつ》・製本《せいほん》した。その一冊《いっさつ》が、昨年《さくねん》3月《がつ》、金田茉莉《かねだまり》さん（戦争孤児《せんそうこじ》の会代表《かいだいひょう》）を通《とお》してわたしの元《もと》へ送《おく》られてきた。

本《ほん》を開《ひら》いて、わたしは強《つよ》い印象《いんしょう》を受《う》けた。書《か》かれている体験《たいけん》は、あまりに悲《かな》しく、そしてあまりに残酷《ざんこく》だ。たとえば山本麗子《やまもとれいこ》さん（終戦時《しゅうせんじ》9歳《さい》）の話《はなし》。

上野駅《うえのえき》での浮浪児《ふろうじ》の「狩《か》り込《こ》み」。東京都《とうきょうと》の職員《しょくいん》とおぼしきおじさんは、「いいところへ連《つ》れていってやる」といって、子《こ》どもたちを無理《むり》やりトラックの荷台《にだい》に乗《の》せた。田舎道《いなかみち》を走《はし》り、林《はやし》の中《なか》を走《はし》り、遠《とお》い森《もり》の中《なか》で止《と》まった。茨城県土浦《いばらきけんつちうら》の山奥《やまおく》と思《おも》われる森《もり》に子《こ》どもたちを降《お》ろし、棄《す》てていった。まともな服《ふく》も着《き》ていない、食物《しょくもつ》も得《え》られず痩《や》せきった体《からだ》、病気《びょうき》の子《こ》どももいたであろう。それは殺《ころ》しにいったのである。これが日本《にっぽん》の行政《ぎょうせい》であり、日《にっ》本《ぽん》の社会《しゃかい》なのだ。それでも子《こ》どもたちは助《たす》けあって山《やま》を下《お》りてきた。何人《なんにん》か、力《ちから》つきて樹《き》の下《した》に横《よこ》たわったままになっていたかもしれない。

　この山《やま》を下《お》りている絵《え》の子《こ》どもたちの顔《かお》には、目《め》も鼻《はな》も描《えが》かれていない。しかし、ほかの苦《くる》しみに耐《た》える子《こ》どもの顔《かお》は、あまりにも優《やさ》しい。この絵本《えほん》の魅力《みりょく》は、残酷《ざんこく》な現実《げんじつ》にもかかわらず、生《い》き抜《ぬ》く子《こ》どもたちの美《うつく》しい表情《ひょうじょう》との対立《たいりつ》にある。当時《とうじ》を思《おも》い出《だ》してそのまま描《えが》けば、硬《かた》く緊張《きんちょう》し、大人《おとな》たちを猜疑心《さいぎしん》で見《み》つめながら弱《よわ》さを隠《かく》した表情《ひょうじょう》になったであろう。暗《くら》いきつい顔《かお》しか描《えが》けない。だが星野光世《ほしのみつよ》さんは、耐《た》え抜《ぬ》いた子《こ》どもの表情《ひょうじょう》を描《えが》かなかった。描《えが》けなかった、と言《い》っていい。

優《やさ》しい子《こ》どもの表情《ひょうじょう》は、戦争《せんそう》を体験《たいけん》しなかった子《こ》どもの表情《ひょうじょう》、孤児《こじ》になる前《まえ》の無垢《むく》な表情《ひょうじょう》、人《ひと》を信《しん》じ、人《ひと》の世《よ》を信《しん》じて生《い》きていた子《こ》どもの表情《ひょうじょう》のようだ。星野光世《ほしのみつよ》さんが東京大空襲《とうきょうだいくうしゅう》から68年《ねん》を経《へ》て、79歳《さい》になってふと描《えが》き始《はじ》めた美《うつく》しい絵《え》は、醜《みにく》い世《よ》を否定《ひてい》している。かわいい子《こ》どものまま、ひたむきに生《い》き抜《ぬ》いてきた戦争《せんそう》孤児《こじ》たちの姿《すがた》を、鮮《あざ》やかに描《えが》いているように、わたしには見《み》える。

金子《かねこ》トミさん（終戦時《しゅうせんじ》15歳《さい》）は、語《かた》りの最後《さいご》を、浮浪児《ふろうじ》だったことを夫《おっと》に打《う》ち明《あ》けられなかった謝罪《しゃざい》で終《お》えている。「わたしは23歳《さい》で結婚《けっこん》しました。45年間《ねんかん》添《そ》い遂《と》げ、夫《おっと》は17年前《ねんまえ》に旅立《たびだ》ちました。（中略《ちゅうりゃく》）優《やさ》しかった夫《おっと》に、浮浪児《ふろうじ》だった過去《かこ》を最後《さいご》まで打《う》ち明《あ》けることができませんでした。夫《おっと》の心《こころ》変《が》わりが怖《こわ》かったのです。『お父《とう》さん、ごめんなさい。結婚《けっこん》する前《まえ》、東京《とうきょう》の上野《うえの》で、浮《ふ》浪児《ろうじ》生活《せいかつ》をしていた過去《かこ》を、とうとう隠《かく》し通《とお》して……』呼吸《こきゅう》が止《と》まった瞬間《しゅんかん》、わぁっと泣《な》き伏《ふ》し、優《やさ》しかった夫《おっと》に謝《あやま》りました」

とはいえ、金子《かねこ》さんは夫《おっと》が彼女《かのじょ》の不幸《ふこう》な境遇《きょうぐう》を知《し》って心変《こころが》わりするとは思《おも》っていなかったのではないか。45年間《ねんかん》添《そ》い遂《と》げた優《やさ》しい夫《おっと》は、そんな人《ひと》でないことを十分《じゅうぶん》に知《し》っていたはずだ。夫《おっと》を彼《かの》女《じょ》は信頼《しんらい》していた。それよりも、彼女自身《かのじょじしん》が、あれほどの非人間《ひにんげん》的《てき》な扱《あつか》いを生《い》き抜《ぬ》いた自分《じぶん》を思《おも》い出《だ》し、受《う》け入《い》れられなかったのではないか。そうさせたのは、彼女《かのじょ》でも夫《おっと》でもない、東京大空襲《とうきょうだいくうしゅう》の被害《ひがい》に向《む》きあってこなかった、わたしたちではないのか。

孤児《こじ》だった体験《たいけん》は、永《なが》い年月続《ねんげつつづ》いた、一過性《いっかせい》でない、死《し》と隣《とな》りあわせの極限《きょくげん》の体験《たいけん》である。生《い》き抜《ぬ》いた孤児《こじ》の傍《かたわ》らに、どれだけ生《い》きられなかった子《こ》どもがいたことだろう。それは孤児《こじ》だったものにしか話《はな》せない生存《せいぞん》の歴史《れきし》であり、自分自身《じぶんじしん》でさえ認《みと》めるのが辛《つら》い体験《たいけん》である。

わたしは東京大空襲《とうきょうだいくうしゅう》の多数《たすう》の被爆者《ひばくしゃ》の精神鑑定《せいしんかんてい》（２００８年《ねん》）、そして中国重慶大爆撃《ちゅうごくじゅうけいだいばくげき》の被爆者《ひばくしゃ》の精神鑑定《せいしんかんてい》（２０１６年《ねん》）を行《おこな》ってきた。そこで孤児《こじ》になって極限状態《きょくげんじょうたい》を生《い》き抜《ぬ》いた人《ひと》びとには、どこか共通《きょうつう》する人格《じんかく》があると気《き》づいた。まじめで几帳面《きちょうめん》、自己《じこ》を犠牲《ぎせい》にしても家族《かぞく》のために黙々《もくもく》と尽《つ》くす生《い》き方《かた》である。こうして彼《かれ》らは、過酷《かこく》な戦後《せんご》を確実《かくじつ》に生《い》き抜《ぬ》いてきたのである。

星野光世《ほしのみつよ》さんも確実《かくじつ》に誠実《せいじつ》に生《い》き続《つづ》け、夫《おっと》を見送《みおく》って後《のち》、少女《しょうじょ》期《き》、青年期《せいねんき》の戦災体験《せんさいたいけん》を天使《てんし》のように優《やさ》しい子《こ》どもの姿《すがた》で表現《ひょうげん》した。

後《のち》の世代《せだい》、本書《ほんしょ》を開《ひら》く人《ひと》びとは、孤児《こじ》たちの想《おも》いを聞《き》きとってきたのか、やっと生《い》きていた子《こ》どもたちを戦後復興《せんごふっこう》のために山奥《やまおく》に棄《す》てにいった東京都職員《とうきょうとしょくいん》と同《おな》じように、子《こ》どもたちの願《ねが》いと悲《かな》しみを無視《むし》し、知《し》らないふりをしてきた人《ひと》びとのひとりでなかったのか、振《ふ》り返《かえ》ってみてほしい。

「わたしは浮浪児《ふろうじ》だった」と涙《なみだ》をおさえて、あなたに伝《つた》えたのだから。

戦争《せんそう》を知《し》らない
子《こ》どもたち

子《こ》どもたちから遊《あそ》びが消《き》えてしまう戦争《せんそう》が起《お》きないよう
子《こ》どもたちから遊《あそ》びを奪《うば》ってしまう戦争《せんそう》が起《お》きないよう
いつまでも戦争《せんそう》を知《し》らないままでいられるよう

平和

星野光世（ほしの　みつよ）

1933年（昭和8年）、東京生まれ。

1945年（昭和20年）の東京大空襲で、両親と兄妹の4人を亡くす。以降、10年間養育された伯父の家で農業に従事。1956年（昭和31年）に上京し、店員や事務の仕事につき自活。

2013年（平成25年）、すみだ郷土文化資料館での戦争孤児企画展を機に、孤児体験画を描き始め、現在に至る。

協力：田中禎昭（専修大学准教授）
引用・参考文献：『俺たちは野良犬か！』山田清一郎（郁朋社）
『焼け跡の子どもたち』戦争孤児を記録する会 編（クリエイティブ21）
装幀：吉池康二

culture

もしも魔法《まほう》が使《つか》えたら
戦争孤児《せんそうこじ》11人《にん》の記憶《きおく》

2017年 7 月26日　第1刷発行
2022年 6 月 6 日　第4刷発行

著　者　星野光世《ほしのみつよ》

発行者　鈴木章一
発行所　株式会社講談社
〒112-8001　東京都文京区音羽2-12-21
電話　編集　03-5395-4021
販売　03-5395-3625
業務　03-5395-3615

KODANSHA

印刷所　株式会社新藤慶昌堂
製本所　大口製本印刷株式会社

ISBN978-4-06-220655-6
N.D.C.916　160p　21cm

JASRAC 出 1707174-803